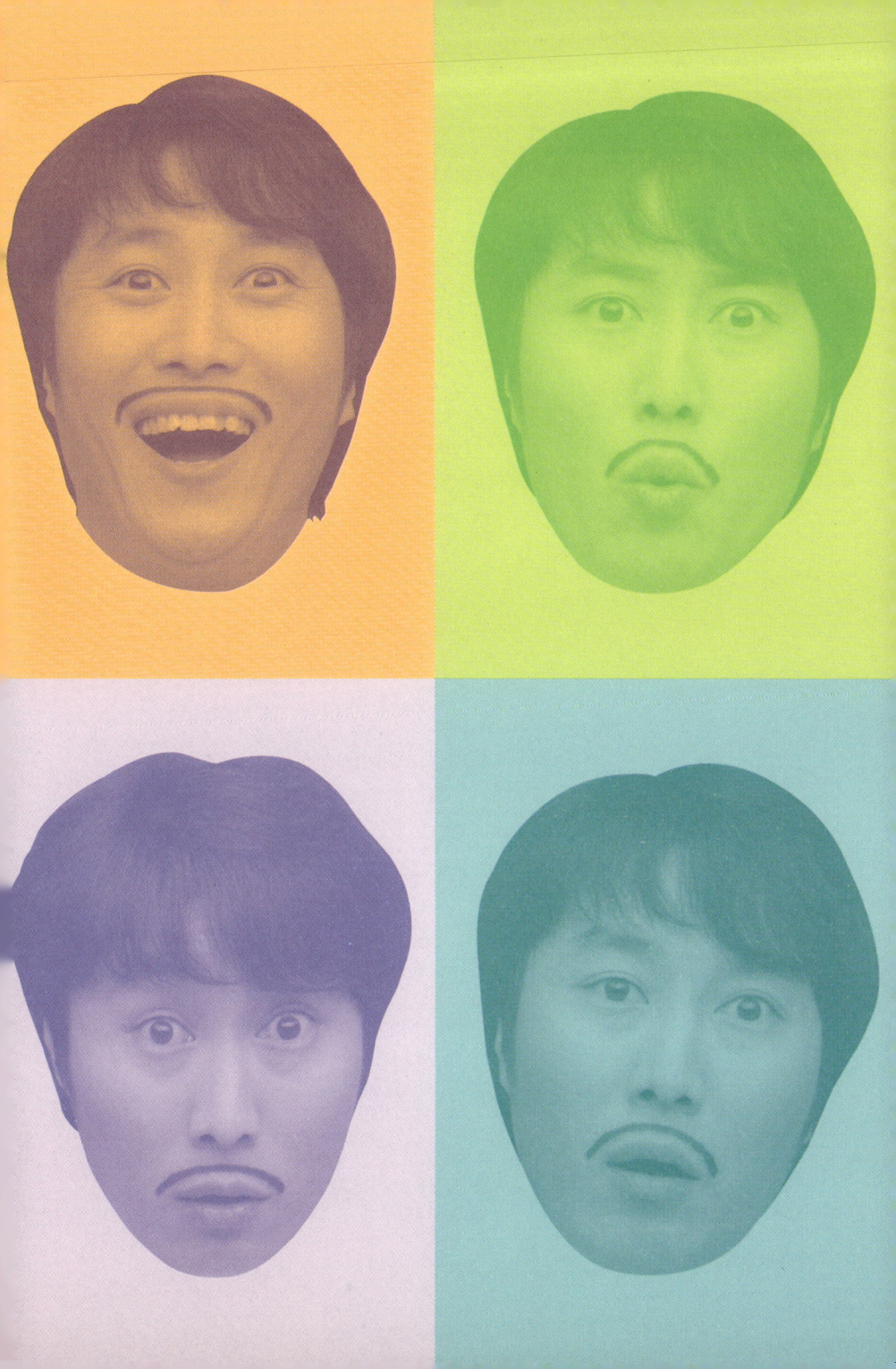

달인,
자전거를 말하다

달인, 자전거를 말하다

초판 1쇄 인쇄 2011년 5월 31일
초판 2쇄 발행 2011년 7월 8일

저자 김병만, 최제남
발행처 바이클로지 BIKLOGY
등록 제2010-17호 (2009.5.15)
주소 서울시 금천구 독산2동 1040-1
전화 0505-333-3737~8 **Fax** 0505-333-7373~4
E-Mail books@biklogy.com **Twitter** @deardark721, @biklogy **Facebook** www.facebook.com/dalinbike
발행인 유영선
기획 유영선, 이상원
진행 슈퍼바이저 윤희만
진행 손예진
제작책임 윤강석
투자책임 박상인, 노소연
마케팅 책임 정명호, 임상엽
스크립트 차수진
편집 및 표지디자인 윤미현
캐릭터 & 삽화 MNK & 드림디자인
포토 YJ스튜디오 이윤종
인쇄 및 제본 ㈜상지피앤아이
협찬 및 슈퍼바이저 ㈜스포윌드아이앤씨(TREK)
                  ㈜하이랜드스포츠 & 정락구 이사, 인주열 과장
정비편 협조 ㈜하이랜드스포츠
에이전시 P& 정희석, 김정숙
온라인 & 모바일 ㈜인터세이브 & 이갑형 대표이사
유통 ㈜성운도서 031-915-6900
자료협조 크라운 워크샵(BMX), 저글링샵(외발자전거), ㈜이노이즈인터랙티브(르벨로)

값 15,900원
ISBN 978-89-962689-1-8 (03690)

• 파본은 본사나 유통처, 구입하신 서점에서 교환해 드립니다.
• 이 책은 저작권법에 의해 보호를 받는 저작물이므로 무단 전제와 복제를 금합니다.

개그장인 김병만이 직접 말하는 '자전거, 그리고 나'

달인, 자전거를 말하다

김병만, 최제남 지음

BIKeLOGY BOOKS

저자의 말

'세상은 넓고, 자전거는 많고, 그리고… 자전거 책도 많다.'
그런데 과연, 이런 세상에 내 책을 내놓아도 되는 걸까?'
처음 자전거에 대한 책을 내 보자는 제안을 받았을 때 든 생각이다.
사실 나는 프로운동선수도 아닌, 운동 좀 하는 개그맨이자, 일개 자출족 일 뿐인데…
그런 내가 '자전거 책을 쓸 자격이 있는 것일까?' 하는 소심한 생각이 들었다.
그래도 명색이 코미디언, 개그맨이 아닌가?
다른 사람들 보다 자신 있는 것이 있다면, 자전거 하나로 재미있는 이야기 보따리를 풀어 놓을 수 있다는 것이었다. (마치 달인 코너를 한 땀~ 한 땀~ 진행해가 듯…)
그동안 자출을 하면서 겪은 수많은 시행착오들… 그 속에서 쌓은 나름대로의 노하우들을 내 코미디 인생에 투영해 재미나게 풀어 낸다면, 어쩌면 읽힐 만한 책이 될 수 있을 것 같아서 과감히 용기를 냈고 이제 그 결실을 보게 된 것이다.

"쉽게!' '재미 있게!" 오로지 이 두 글자를 생각했다.
자전거… 요 녀석이… 정말 '재.미.있.는.녀.석.' 이다.

그런데 이런 자전거 보다 재미 없는 책이라면 무슨 의미가 있을까?

전자제품 사면 딸려오는 매뉴얼처럼 좁쌀만한 글씨에, 딱딱한 책은 나도 사양한다.

친구에게, 형에게, 오빠에게 자전거를 배우는 것처럼, 쉽고 친근한 자전거 라이딩의 길라잡이가 되고 싶은 마음이다.

가끔 자전거를 타고 싶다는 후배들을 데리고 자전거 구입부터 코스까지 한 달 정도 가르치면 어엿한 자출족으로, 그럴듯한 자전거 매니아가 된다. 신기하게도.

그만큼 이 자전거라는 녀석이 매력 덩어리라는 얘기가 아닐까?

그러다 보면 그들은 어느새 내 옆에서 자전거를 같이 타고 있는, 말 그대로 자전거 친구가 되어 있다.

이 책의 마지막 장을 넘긴 여러분들이, 그런 나의 '진정한 자전기 친구'가 됐으면 좋겠다.

지금까지 이 책이 나오기까지 힘써주신 분들과 비엠엔터플랜의 모든 식구들에게 한없이 고마운 마음을 전하며, 내 어머니와 형제들, 마지막으로 지금도 병상에 계시는 아버지께 감사의 말씀 드리고 싶다.

늘 열심히 뛰겠습니다. 2011년 5월 김 병 만

발행인의 말

    2009년 어느 날, 자전거에 관한 책을 사기 위해 집 근처의 대형서점을 간 일이 있다. 많지도 않은 자전거 책을 살피다 보니 눈에 띄는 특징이 하나 있었다. 괜찮다 싶은 생각이 드는 책들은 모두 작가가 일본인이었던 것이다.
    그렇다. 불과 얼마 전까지만 해도 국내에서 만든 자전거 관련 책들이 턱없이 부족했던 것 이다. 물론 지금은 국내의 인프라로 만들어진, 눈에 띄는 책들이 생겼지만.
    이 책은 처음 기획에서부터 2년 동안의 과정이 필요했다.
    그 동안 많은 것들이 변했다. 자전거를 타는 사람들도 2년 전보다는 많이 늘었음을 느낀다.
    이 책의 저자인 김병만씨의 대중적 인기만큼이나 자출거리도 늘었다. 그는 꽤나 빠듯한 일정 속에서도 자전거에 대한 애정은 쉽게 포기하지 않을 것이다. 하긴 방송에서도 자전거를 갖고 묘기를 할 정도의 그니까.
    김병만씨를 비롯, 최제남 작가 등 이 책이 나오기까지 노력을 나눠주신 모든 분들께 감사를 드린다.
    하나님, 감사합니다.

                      모든 자전거人들이 늘 행복하기를. 펴낸 유 영 선

특별 추천사

– 자전거를 사랑하는 한 사람으로서 이 책을 추천합니다 –

자동차만 타고 다녀서는 알 수 없는 민심이 있습니다. 좁고 구불거리는 골목길이나 언제나 분주한 시장 통의 민심은 서로 얼굴을 맞대고 같이 호흡하지 않으면 결코 제대로 느낄 수 없습니다. 정치인인 저에게 자전거는 혹시나 놓칠 수 있는 그 마음들을 느낄 수 있게 해준 고마운 친구입니다. 저는 요즘도 자전거를 타면서 소중한 민심의 가르침을 배워나가고 있습니다.

이번에 개그맨 김병만씨가 자전거에 대한 책을 쓰셨다는 소식을 들었습니다. 최근에 자전거를 즐기고 싶어 하는 분들이 많아지고 있는데 반해 정작 자전거에 대해 체계적으로 배울 수 있는 서적은 찾아보기 힘든 것이 사실입니다. 김병만씨가 그 스타트를 끊어주어서 고맙고 앞으로 이 책을 통해 자전거를 새롭게 접하고 즐기시는 분들이 많아졌으면 하는 바람입니다. 달인께서 쓴 책이니 아마 여러분들도 몇 번만 읽으시면 금방 '자전거의 달인' 이 되실 수 있으실 겁니다.

마지막으로, 김병만씨! 우리 언제 한 번 자전거 같이 탑시다!

자전거人. 장관 이 재 오

추천사

자전거 처럼 살아온 인간 김병만

병만이를 알고 지낸 지고 벌써 10년이 넘었다. 지금까지 그를 지켜보니,
병만이는 자전거를 타는 것 처럼 인생을 살아 온 것 같다.
페달을 계속 밟는 한 넘어질 염려가 없는 자전거 처럼, 늘 자신을 채찍질 하고
쉼 없이 달려온 병만이! 한쪽으로 치우치지 않고, 중심 잘 잡고 정도를 걸어
왔다. 그렇게 살아온 병만이기에 더욱 믿음이 가는 책이다.
자전거가 타고 싶은 당신이라면, 이 책이 좋은 선생님이자,
친구가 되어 줄 수 있을 것이다.

- 개그맨 이수근 -

김병만을 꼭 닮은 책

내가 병만이를 십 여 년을 겪으면서 느낀 점은 그 누구 보다 성실하고
재미있는 사람, 그리고 십 여 년 전 무명이었을 때나 최고의 스타가 된
지금이나 참 변함이 없는 사람이라는 거다.
그래서 이 책은 그런 김병만을 꼭 닮았다는 생각이 든다.
성실하게 가르쳐 주고, 엉뚱하면서 재미있게 이야기 하고..
책을 읽는 내내 병만이가 옆에서 이야기해주는 것 같았다.
"자전거도 병만이 네가 이야기 하면 재미있구나.~"
이번 주말엔 병만이와 함께 자전거 한번 타보고 싶다.
"근데… 내 무게를 버티는 자전거도 있겠지?"

- 프로레슬러 이왕표 -

자전거에 이야기를 담다.

자전거는 아주 간단하게 말해,
차가운 쇳덩이와 질긴 고무로 만들어진 물건이다.
하지만 이 책 속의 자전거는 다르다.
병만이 형은,
자전거의 차가운 쇠 같은 딱딱한 매뉴얼 대신 따뜻한 이야기와 감성을 넣고,
어려운 말 대신,
자신의 키 처럼 낮은 눈높이에서 자전거를 쉽게 설명 해 주고 있다.
역시 달인 답게 책을 완성했다.

– 개그맨 송준근 –

솔로탈출을 원하는 당신이라면…

자출을 하고 싶어도 엄두도 못 내는 여성들~ 자전거로 살 빼고 싶은 여성들~
자전거 타고 샤랄라~ 포00 이온음료 CF 찍고 싶은 여성들이여~
당장 이책부터 펼쳐 보시라~
책을 읽고 있는 당신은 이미 뱃살 탈출~ 솔로 탈출~ 입니다.

– 모태 솔로 개그우먼 오나미 –

Contents

006 저자의 말
008 발행인의 말
009 특별 추천사
010 추천사

[1부] 달인과 자전거?

018 김병만, 자전거와 만나다
꼬마 김병만, 자전거와 만나다

020 김병만, 자전거를 선택하다
자전거를 선택할 수밖에 없는 이유

[2부] 계획의 달인, 작심삼일 김병만

025 자출을 위한 준비사항
028 지도 확인
030 자출의 방법
① 온리! 바이크 – 자전거로만 출근하기
② 대중교통 + 자전거
③ 자전거 셔틀! – 자전거 + 대중교통 + 자전거
④ 바이크 버스 – 자출 동호회
039 자전거 종류
① 로드바이크 (Road Bike)
② 미니벨로 (Mini-Velo)
③ 산악자전거 (MTB)
④ 하이브리드 바이크
⑤ BMX
⑥ 튀고 싶은 이색 자전거

050 자전거 구매
　　1. 나의 첫 자전거, 짧은 만남 긴 이별
　　2. 자전거 구매 전, 꼭 알아두어야 할 사항
　　3. 자전거 구매 방법
　　　① 오프라인 구매
　　　② 온라인 구매
　　　③ 구매대행 및 직접 해외구매
　　　④ 중고 자전거 거래

[3부] 자출의 달인, 빠라바라밤 김병만

068 **첫째 주, 달인이 달린다**
069 본격 라이딩을 위한 필수 테크닉 - 준비
　　① 준비 운동
　　② 자전거 점검
　　③ 안장
074 본격 라이딩을 위한 필수 테크닉 - 주행 기술
　　① 기어
　　② 주행 실전
083 본격 라이딩을 위한 필수 테크닉 - 청결
　　콩트 : 청결의 달인, 암내 김병만 선생

[3부] 자출의 달인, 빠라바라밤 김병만

088 **둘째 주, 자출 적응기**
　　　콩트 : 안라의 달인, 오빠 달려 김병만 선생
091 　안전 라이딩을 위한 조건 – 자전거 부속품
　　　① 속도계
　　　② 헬멧
　　　③ 장갑
　　　④ 자물쇠
　　　⑤ 앞/뒤 경고등 (전조등 & 후미등)
　　　⑥ 물통 & 물통 케이지
　　　⑦ 속도계 + 심박계 + GPS
　　　⑧ 스마트폰과 자전거가 만났을 때
　　　⑨ 오디오 시스템
110 　안전 라이딩을 위한 약속 – 근육통
　　　통증의 달인, 엄살 김병만 선생 – 응급처치 119
115 　안전 라이딩을 위한 조건 – 회식
　　　회식의 달인, 원샷 김병만 선생 – 자출족 회식 비법
118 　안전 라이딩을 위한 조건 – 안전 법규

124 **셋째 주, 자출 정착기**
　　　콩트 : 자전거 정비의 달인, 맥가이버 김병만 선생
127 　프로 자출족이 되기 위한 조건 – 자전거 정비
　　　① 타이어 체크
　　　② 체인
　　　③ 그 밖의 이상 증상
136 　프로 자출족이 되기 위한 조건 – 자전거 세차
　　　자전거를 네 몸과 같이 아껴라, 세차
142 　프로 자출족이 되기 위한 조건 – 계절별 관리
　　　① 여름철 자전거 관리법
　　　② 겨울철 자전거 관리법
145 　프로 자출족이 되기 위한 조건 – 권태기 극복

- 154 넷째 주, 자전거 100% 즐기기
- 155 자전거로 예뻐지기
  - ① 다이어트
  - ② 피부 관리
  - ③ 패션 리더들을 위한 라이딩 패션
- 166 자건거 튜닝의 세계
- 169 시티 라이딩
- 176 산악 자전거
- 189 최고의 '차', 자전거

달인, 자전거 정비를 말하다

- 194 **자전거 주행 전, 간단한 자가 점검**
  - 주행 전 자전거 점검
- 200 **자전거 응급정비 1.1.9.**
  - 펑크 난 타이어 응급정비
  - 주행 중 체인이탈 응급정비
- 220 **자전거 생활정비 1.1.4.**
  - 평상시 - 기본적인 오일정비
  - 브레이크 관련 생활정비
  - 기어 관련 생활정비
  - 라이딩 자세 & 핸들 및 안장 포지셔닝
  - 정리하며

[1부]
달인과 자전거?

김병만, 자전거와 만나다
꼬마 김병만, 자전거와 만나다

자전거와 나의 첫 만남은 친구의 등짝에서 시작되었다.

초등학교 시절, 내 고향 전북 완주군은 시골 중에서도 완전한 시골이었다. 집에서 학교까지 거리만 무려 5Km! 집집마다 자동차가 있고 스쿨버스도 다니는 요즘이지만, 그때만 해도 버스마저 드문 시절. 특히 우리 동네는 그랬다.

처음에는 걸어 다녀도 봤지만 역시나! 태생적으로 짧은 내 다리로는 무리였다. 생존을 위한 선택이 필요했다. 비장한 내 결심은 페달에 발이 닿지 않는 아주 사소한(?) 문제로 막을 내렸다. 대신 키 큰 친구가 자전거로 데리러 와주면 뒷자리에 사뿐히 올라타면 그뿐. 직접 발을 굴려 달리지는 않아도 내 뺨에 와 부딪히던 흠~ 바람냄새는 언제나 생생하다.

혼자서도 페달을 밟을 수 있을 만큼 커진 학창시절에도, 무일푼으로 상경해서 고생하던 무명시절에도 자전거는 언제나 오랜 친구처럼 함께였다. 드디어 나에게도 개그맨으로서의 인기와 유명세가 찾아왔다. 자동차와 운전해줄 매니저도 생겼다. 덕분에 오랜 친구는 점차 쓸모를 잃어가고 있었다. 배신에 대한 대가였을까? 잦은 술과 고기로 기름진 생활이 오히려 건강과 개그에 매너리즘을 가져다 주었다. 불현듯! 자전거만이 나를 초심으로 다잡아줄 수 있다는 생각이 들었다.

힘들게 자전거와 화해한 지금, 건강도 개그감도 되찾은 나는 하루의 시작과 끝을 자전거와 함께한다. 몇 안 되는 연예인 자출족이 되었단 말씀! 하루라도 떨어질 수 없는 우리는 매우 애정 어린 관계다. 매니저를 두고 사서 고생이라는 주변 말들은, 자전거로 자동차를 앞서는 희열을 떠올리며 가볍게 무시한다. 녹화를 위해 여의도까지 나는 자전거, 매니저는 자동차로 경주를 하면 내가 먼저 도착하기가 일쑤다. 꽉 막힌 도로에 갇힌 매니저는 내가 중간에서 다른 교통수단을 이용하리라 의심하지만, 자전거로 25분이면 충분하다. 아름다운 한강 변을 달리다 보면 경치에 빠져 힘든 줄도 모른다. 바쁜 스케줄의 피곤함이 바람결에 씻겨 내려가는 것만 같다.

자전거가 인연이 되어 만나는 사람들과는 묘한 동지의식과 함께 스스럼 없는 대화도 주고받는다. 자전거 동호회를 찾아가는 일도 자연스럽다. 이제는 이 즐거운 놀이판을 궁합 맞는 개그맨들과 함께하고 싶다. 언젠가 자전거 전국일주도 하면서. 왜 축구, 야구 동호회만 언론의 스포트라이트를 받는가. 자전거 동호회도 관심이 필요하다. 시작은 미약하지만 그 끝은 창대한 법! 무언가 할 일이 목표가 있다는 것이 즐겁다. 생각만으로도 벌써 가슴이 두근거린다.

김병만, 자전거를 선택하다
자전거를 선택할 수밖에 없는 이유

　자전거로 떠나는 일상의 행복한 여행. 언제나 자전거를 타고 길을 나서다 보니 그 어떤 길이라도 주저함이 없게 되었다. 외국에서조차 영어 울렁증 쯤이야! 한다.
　유럽을 갔을 때였다. 가장 부러웠던 것은 세계적인 역사 유적지나 박물관이 아니라 거리에서 자유롭고 당당한 자전거였다. 특히 독일의 프라이부르크를 지나게 되었을 때 특별한 유적지하나 없는 이 도시는 나를 완전히 사로잡았다. 시내 곳곳에 있는 자전거 주차장, 쫙쫙 뻗은 자전거 전용도로, 여행객까지 배려한 대여 자전거. 이 얼마나 훌륭한 시스템인가! 프랑스 파리에서도 버스 전용차로를 달리던 자전거가 제일 먼저 눈에 들어왔다.
　나를 놀라게 하던 자전거 시스템은 유럽에서는 자연스러운 일이다. 지구온난화를 막기 위해서 가장 먼저, 손쉽게 할 방법이 자전거 타기라고 하니 말이다. 실제로 지구온난화의 주범은 화석연료, 바로 자동차라고 하니 '친환경(에코) 강국' 이라 불리는 유럽에서 자전거 시스템의 구축에 열을 올리는 것은 당연한 일인지도 모른다.
　일본만 하더라도 샘이 날만큼 시스템 구축이 잘 되어 있다. 역마다 자전거 주차장을 겸비하고 있고 도둑을 막기 위해서 자전거 등록제가 법으로 지정되어 있다. 어른 아이 할 것 없이 심지어 교복치마 바람의 미소녀까지 자전거를 타는 풍경. 아~ 부럽다.

우리나라도 점차 변하고 있다. 인도든 차도든 어디에서도 달릴 수 없었던 과거에 비하면 자전거 전용도로가 생겨나고 나처럼 자전거로 출퇴근하는 자출족도 제법 많아졌다. 물론 자전거 법규나 보험, 자전거 주차장 및 전용도로의 확충 등 정비·보완할 점은 있지만 어디 첫술에 배부르랴. 중요한 것은 대한민국도 서서히 달리고 있다는 것이다.

다행히도 자전거 타기는 본인의 건강은 물론, 지구 건강까지 지키는 착한 실천이다. 거창한 이유가 아니어도 된다. 나처럼 자전거를 타는 동안 주변 경치를 둘러보고 자신과 이야기를 할 수 있다는 것, 주위를 둘러볼 여유조차 없는 삶에 커다란 휴식이 된다는 것만으로도 충분하다.

그래서 오늘도 나는 달린다.

자, 출발해 보자고!

달인의 TIP

대한민국이 달린다~

우리나라의 자전거 도로는 아직 한없이 부족하다. 넓지 않은 땅에 자전거 도로 하나 만드는 일이 왜 이렇게도 힘든 건지. 까짓 거 대충 쭉쭉~ 깔아놓으면 되는 거 아냐? 하던 나의 외침에 정부가 꿈틀(?)했다.

행정안전부는 2010년부터 2019년까지 총 3,120km에 달하는 이른바 '선진형 자전거 도로망'을 구축하기로 했다. 즉 모든 자전거 길을 하나로 연결한다는 말씀! 일단 국가 자전거 도로가 완성되면 서해안, 남해안, 동해안, 비무장지대까지 자전거로 못 갈 곳은 없다. 서울에서 부산까지 자출족이 생길지도 모른다.

이미 국가 자전거 도로망이 구축된 스위스나 네덜란드는 출퇴근과 같은 일상생활에서부터 관광산업까지 두루 활용하고 있다. 우리나라도 국가 차원에서 처음으로 정비하는 것이니만큼 이들을 따라잡는 건 시간문제다.

대한민국 쫘이팅!!

투자 좀 해 주세요!

나는 지난 3년 동안 KBS 연예대상 '대상' 후보에 올랐었다. "기라성 같은 선배님들과 이름을 함께 올리는 것만으로도 영광입니다."라면 너무 뻔한 얘기일까. 사실 3년이나 후보에 오르다 보니 살~짝 기대를 하게 되는 건 어쩔 수 없다. 2010에도 마찬가지였다. 언론에서는 이경규 선배와 내가 박빙의 승부를 떨치고 있다고 호들갑을 떨었고, 주변에서도 이번엔 너야! 너밖에 없어!! 라며 잔뜩 바람을 잡았다. 어? 정말 난 가? 만약 타면 수상소감은 어떻게 하지? 눈물이 나면 안 되는데.. 사발로 들이켠 김칫국은 일찌감치 '최우수상'을 받음으로써 해소되었다.

물론 최우수상은 큰 영광이다. 나는 지인들에게 고맙다는 개인 인사보다는, 후배들을 위해 코미디를 위해 정말 하고 싶었던 말을 해야겠다고 맘먹었다. "안타깝게도 코미디가 많이 없어졌습니다. MBC, SBS 사장님! 코미디에 투자 좀 해주십시오!!"

건방져 보일 수 있는 말임에도 다행히 많은 분이 공감해 주셨다. 방송에 설 무대가 없어 대리운전 등 아르바이트로 생계를 이어가는 후배들이 특히나. 토닥토닥~ 나 스스로 뿌듯한 소감이었다.

책을 내는 일도 마찬가지다. 내 이름을 걸고 내는 자전거 책이니만큼 감히 용기 내어 말한다.

"대통령님, 국무총리님! 안타깝게도 자전거 타고 다니기가 많이 어렵습니다. 부디 말씀으로만 말고 투자 좀 해 주십시오!!"

[2부]
계획의 달인, 작심삼일 김병만

자출을 위한 준비사항

나 김병만은 자출족이다. 거의 매일 집에서 방송국까지 자전거로 출퇴근한다.

나 자전거 달인 김병만 선생은 말한다. 이 책은 본격적으로 라이딩(Riding)하고자 하는 당신, 자출족을 결심한 당신을 위한 안내서라고. 그리고 그 전에 세 가지 질문을 던진다.

- 정말로 자전거 출근을 원하는가?
- 정말로 자전거 출근을 할 자신이 있는가?
- 정말로 자전거 출근을 포기 안 할 자신이 있는가?

자전거에 관한 책을 준비하면서, 첫 단추를 경고의 메시지로 단호히! 시작해야 한다고 생각했다. 당신 스스로 과연 할 수 있을지, 확고한 의지가 있는지 각성해보라. '글쎄~ 심각하게 고민한 적 없는데?' 라면 자, 다음의 '달인 테스트' 부터 통과하시라!!

자출족 자격 테스트

1. 내 별명은 "5분만~" 약속엔 늘 늦는 편이다.
2. 힘.들.게 등산하고 내려오는 사람들~ 이해할 수 없다.
3. 주말은 소파와 일체화된 리모컨 운동! 필수다.
4. 가까운 거리? 당.연.히 꼭 차를 끌고 간다.
5. 뭐든 시작은 저질러야 제 맛! 일단 장비는 다~ 사들이고 본다.
6. 삼시 세끼 꼬박꼬박 챙겨먹는 사람들? 한 끼 빼먹어도 죽지 않는다.
7. 지하철에서 파는 물건? 사 본 적 있다!
8. 다이어트만 하면 꼭 요요현상이 온다.
9. 카페에 가면 구석자리가 편하다.
10. 자전거 뉴스와 연예인 스캔들 기사가 떴다면?
    당연히 스캔들 기사부터 본다.

〈 Yes 〉 항목이 3개 이하? 외골수형

한번 맘먹은 일은 끝까지 해내는 당신.

단, 지나친 관심으로 고가의 장비를 고집하는 등 가산을 탕진할 기미가 보인다. 계획성 있는 지출로 현명한 자출 생활을 유지할 것!

〈 Yes 〉 항목이 4~6개? 친구따라 강남형

본인 의지보다는 주변인에게 묻어가는 당신.

중도포기 없이 성공확률을 팍팍! 올리려면? 주위에 자출을 함께할 동료를 만들거나 유행이 지속되길 빌어라.

〈 Yes 〉 항목이 7개 이상? 의지박약형

뭔가 결심을 해도 3일을 절대 못 넘기는 으이그! 작심삼일 당신.

처음부터 고가의 자전거는 피하는 게 상책이다. 자출 의지를 주변에 널리널리 알려 생존율을 높이도록 하라.

지도 확인

　물론 당신의 의지를 확인했다고 끝은 아니다. 굳건한 마음으로 구체적인 계획짜기! 에 돌입할 때다. 초보자가 흔히 하는 실수는 "못해도 이 정도는 타줘야지", "시작이 반이야, 일단 달려"라고 지르고 보는 경향이다. 굉장히 위험한 생각이다.
　자전거 출근을 결심한 시점에서 가장 주의할 점은 바로 '집과 회사와의 거리' 다. 마음을 다졌어도 현실적으로 거리가 너무 멀다면 재고할 필요가 있다. 환경보호, 건강증진, 자기만족 등 이런저런 좋은 목적으로 시작했더라도 그 때문에 회사생활에 지장이 있다면 결코 성공한 자전거 출근이라 볼 수 없다.
　그렇다면 최적의 자출 코스는 어떻게 짜야 할까? 가장 기본은 첫째도 안전, 둘째도 안전이다. 즉, 안전과 도로 상태를 고려하라는 것이다. 그래서 추천한다. 인터넷 지도 찾기! 단, 실제 도로사정이란 아무도 장담할 수 없으니 사전답사는 필수.

달인의 TIP

유용한 인터넷 지도 검색 사이트

- 서울 모바일 자전거지도 (서울시 기준)
  http://www.coolsite.co.kr/bike/main.php

- 네이버 자전거 지도 (전국 기준) http://map.naver.com/?bicycle=on

- 다음 지도 (전국 기준) http://local.daum.net/map

- 구글 지도 (전국 기준) http://maps.google.co.kr

자출의 방법

개콘모드? No! 자출모드? Yes!

자전거 출근방법은 생각보다 많다. 철저한 준비만 한다면 자출, 충분히 할 수 있다.

① 온리! 바이크 - 자전거로만 출근하기

자전거만으로 출근하는 경우다.

자출 코스로 이용할 수 있는 도로는 자전거 전용도로, 자전거 보행자 겸용도로, 차도의 갓길이 있다. 차도의 갓길은 '바이크 버스' 즉, 자출족이 한 장소에 모여 버스처럼 줄지어 이동하는 방식이 좋다. 자전거 전용도로만 이용해서 자출할 수 있다면 금상첨화겠지만 아직은 기반시설이 많이 부족하다. 그러므로 자전거 전용도로 + 강변/하천변의 도로와 연계, 혹은 차도의 갓길 + 자전거 전용도로를 이용해야 한다. 나는 등촌동 집에서 한강변 도로를 지나 여의도에 도착하는 코스를 애용한다.

② 대중교통 + 자전거

지하철 등 대중교통과 자전거를 함께 이용하는 경우다.

자전거를 타고 지하철역까지 이동, 인근의 보관대에 주차 후 다시 대중교통을 이용하는 방법이다. 지하철역 인근에는 보통 자전거 보관대가 비치돼 있다.

지하철역 인근 자전거 보관대에 주차하는 중, 누가 훔쳐가진 않겠지?

현재 서울/인천 지하철은 각 호선 별 2개씩, 총 16개의 열차 맨 앞/뒤 칸이 자전거 전용 칸이다. 일요일과 법정 공휴일에만 시범운영을 하다가 토요일까지 확대했고, 조만간 평일까지 운영할 계획이라고 한다(2012년 이후, 평일 10:00~16:00). 그러나 평일 혼잡한 출퇴근 시간대에는 자전거 탑승을 제한한다고 하니 크게 기대하기는 어렵겠다.

서울시는 보완책으로 '자전거 이용 환승제'(2011. 8 시행예정)를 발표했다. 거리에 따라 300~500원까지 환승 할인액을 교통카드에 적립해주는 제도로, 신도림과 수유역에서 시범운영한 후 반응에 따라 2012년부터 서울시 전체 자전거 주차장으로 확대할 계획이라고 한다.

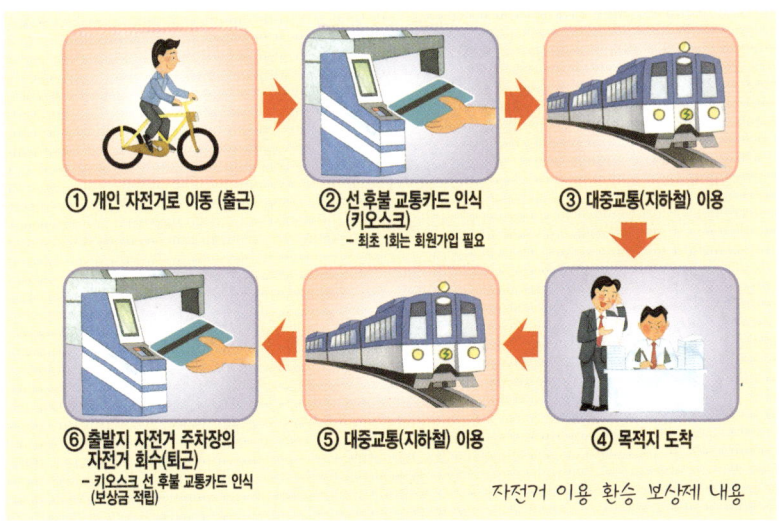

자전거 이용 환승 보상제 내용

달인의 TIP

지하철역 주변 자전거 거치대 및 보관소

생각보다 많이 있다. 문제는 지하철역 출구 밖의 인근 보도나 역에서 조금 떨어진 곳에 설치된 곳이다. 눈여겨보지 않으면 존재 자체를 모를 수 있다. 또한, 보관소라는 이름이 무색하게 주차기능만 부각되어 도난과 위험이 도사리고 있다.

도난에 비교적 안전한 곳은 수유역(750대), 영등포구청역(120대), 신도림역(470대), 영등포역(162대), 신목동역(260대), 개봉역(140대) 등이다. 점차 안전인식이 정착되어 가므로 더욱 늘어날 것이라고 믿는다. 참고로 역 주변 자전거 보관소의 설치와 관리는 해당 구청이 담당한다.
(문의는 각 해당구청으로 하면 된다)

잠깐만요!

자전거는 보호받고 싶다

요즘은 지하철역이나 새로 지은 건물에 가면 자전거 보관소가 많다. 예전에 비하면 장족의 발전인 셈. 하지만 자전거 거치대와 빈약한 햇빛 가림막 정도로만 설치되어 있어서 아쉽다. 지금처럼 사방이 뻥 뚫린 형태는 비가 많은 우리나라 실정에 맞지 않다. 비가 내리면 거의 무방비 상태로 노출되기 때문에 형식적인 전시물 같은 인상이다. 시설을 애용하기는 하지만 나만의 소중한 자전거를 맡기기에는 조금, 못 미더운 구석이 있다.

게다가 비와 자전거는 상극 중의 상극이다. 저가의 자전거는 이곳저곳 녹슬기 쉽고 고가의 자전거는 그 자체로 불안할 뿐이다. 각종 부품이 외부에 노출되는 자전거 구조상 비 맞은 후의 관리도 철저히 해야 한다. 최소한 아크릴이나 간이 포장재 등으로 햇빛은 물론 비, 추위까지 막아준다면 어떨까? 살짝 리뉴얼만 해도 효과가 클 텐데. 현실적으로는 어렵지만 일개 자출족의 간절한 바람이다.

③ 자전거 셔틀! - 자전거 + 대중교통 + 자전거

"다음 정차할 역은 여의도, 여의도입니다."

지하철의 도착역 안내멘트가 나오면, 바로 문 앞이면 좋겠다 싶다. 역까지 걸어가고 도착해서는 다시 사무실까지 걸어가야 하는 당신. 참 귀찮고 힘들다. 게다가 역까지 걷기에는 좀 멀고 마을버스를 타기에는 가까운 애매한 위치에 산다면. 이럴 때 강력 추천한다. '자전거 셔틀 출퇴근법!'

방법은 간단하다. 중고자전거 두 대를 사서 집과 전철역 사이에 한 대를 두고, 다시 회사와 전철역 사이에 나머지 한 대를 두면 된다. 시간도 절약하고 운동도 하고, 꽤 괜찮지 않은가? '여성 자출족'도 동참하기 쉬운 방법이다. 레저나 동네 장보기용이 아닌 경우, 여성 자출족으로 산다는 것은 정말 어려운 일이다. 또한 경기도에서 서울로 출퇴근하는 직장인들에게도 적극 권하고 싶다.

1단계 - 가까운 자전거 수리점에서 2~3만 원짜리 중고자전거 두 대를 산다. (일명, 썩은 자전거) 전철역 보관소가 워낙 도난에 무방비 상태이다 보니 잃어버려도 그다지 맘 아프지 않은 자전거를 사는 것이 포인트! 이런 자전거는 훔쳐 가지도 않는다.

2단계 - 자전거 한 대는 집과 전철역에 사이 두고 타고 다닌다.

3단계 - 전철을 탄다.

4단계 - 남은 한 대는 회사 가까운 전철역에 두고, 회사와 전철역 사이에 타고 다닌다.

현실적인 방법으로 자전거 셔틀을 권했지만, 내가 정말 꿈꾸는 청사진은 바로 전철 자전거 전용 칸이다. 레저, 관광용으로 기차에만 한시적으로 운용하는 자전거 전용 칸을 출퇴근할 때도 지하철에서 운영한다면 자출 인구는 폭발적으로 늘어날 것이다.

자전거 전용 칸이 정착되면 자전거를 타다가 힘들 때 전철에서 쉬기도 하고, 다시 내려 도로를 질주할 수도 있다. 아~ 상상만 해도 즐겁지 않은가. 지하철 자전거 전용 칸이 현실화되기 위해서는 예산, 일반 시민의 이해 등 갈 길이 멀지만 이 또한 자출족의 한 사람으로서 절대 버릴 수 없는 꿈이다.

"지금도 불철주야 교통체증 해소를 위해 애쓰는 관계자님하! 어떻게 쫌 안되겠뉘? ㅡ·ㅡ;;;"

④ 바이크 버스 - 자출 동호회

초보 자출족이 최적의 코스를 찾기란 하늘의 별 따기 수준이다. 특히 혼자서 하려면 막막하고 겁부터 나는 것이 사실이다. 그렇다면 동호회를 이용한 '바이크 버스'는 어떠한가?

세상에 자출족이 어디 당신뿐일까? 도로의 절대 약자인 자전거도 뭉치면 막강군단. 바이크 버스란 비슷한 코스를 달리는 자출족이 일렬로 함께 도로를 달리는 것을 말한다. 함께 달리는 동료가 있다면 자출 의지도 더욱 굳건해질 수 있다. 또한 자출 선배들의 수년간 노하우가 담긴 코스, 자전거 정비, 신상 자전거 등 살아 있는 정보의 보고도 함께할 수 있다. 이러한 자출족을 지원하기 위해 서울시는 매달 22일을 '바이크 버스

운영의 날'로 지정해 코스를 개발하는 등 더욱 힘쓸 예정이라고 한다. 예비 자전거 동호회 회원들이여! 당당히 문을 두드려라~ 그럼 어느새 함께 페달을 밟는 친구가 생길지니.

인터넷 동호회

- 자전거로 출퇴근하는 사람들 cafe.naver.com/bikecity.cafe
- 산마루-자전거풍경[MTB] cafe.naver.com/sanmarubike
- 자전거는 내 친구 cafe.daum.net/BikeMate
- 바이크시티/자전거로 출퇴근하는 사람들/자출사 cafe.daum.net/bikecity
- 도로 사이클 동호회 www.corearoadbike.com
- 내 마음속의 미니벨로 cafe.naver.com/minivelobike
- 자전거에 미친 사람들 www.crazybike.co.kr
- 자전거로 여행하는 사람들 cafe.naver.com/biketravelers
- 아마추어 자전거 여행 동호회 cafe.daum.net/dongali
- 이글 자전거 동호회 cafe.daum.net/aesports
- 올 댓 바이크 www.athatb.com

이외에도 각 포털 검색 창에 '자출', '자전거 동호회'를 치면 각종 동호회가 쏟아진다. 조금만 인터넷 검색에 힘을 쏟으면 지역 내 동호회에서 실질적인 상세정보를 얻을 수 있다.

자전거 종류

자전거라도 다 같은 자전거가 아니다. 목적에 따라 그 종류가 다양하다.

① 로드바이크 (Road Bike)

경기용으로 만들어진 사이클을 보편화시켜 나온 자전거. 로드, 타임트라이얼(철인), 투어링, 사이클로크로스, 트랙 등 5가지 종류가 있다.

로드바이크는 빠른 속도를 지향하는 것이 특징이다. 차체가 얇고 가벼워 보통 자전거보다 속력이 빠른데, 핸들바(손잡이, 아래로 떨어지는 형태의 드롭 바 Drop Bar)를 잡으면 자연스레 허리를 숙이게 되므로 공기저항을 덜 받기 때문이다. 여기에 폭 좁은 바퀴가 땅과의 접지력을 줄이고 가벼운 자체 무게가 스피드를 높인다. 단, 충격에 대한 완충능력이 약하기 때문에 포장된 도로에서 타는 것이 좋다. 보통 자전거와 손잡이 구조가 달라서 자세가 불안정하므로 처음 배우는 사람이나 생활용을 원하는 사람에

로드바이크

게는 비추천이다.

한편 '생활 로드'라고 불리는 '유사 로드바이크'가 있다. 이 자전거는 로드바이크 보다 성능이 떨어지지만 저렴한 가격과 가격대비 빠른 주행이 가능하다는 장점이 있다.

② 미니벨로 (Mini-Velo)

휴대가 가능한 자전거로, 말 그대로 휴대와 보관이 용이하다.

미니벨로는 보통 20인치 이하의 앙증맞은 바퀴를 자랑하는데, 깜찍한 외형으로 최근 여성들로부터 큰 인기를 얻고 있다. 간단한 거리의 이동수단으로 적합하므로 자출족에게 추천한다. 단, 요즘 나오는 접이식은 괜찮지만, 미니스프린터를 제외한 옛날 접이식 미니벨로는 장거리를 다니거나 빠르게 달리고 싶은 사람들에게는 비추천이다.

유행한다고 너도 나도 미니벨로를 사면 큰 낭패! 신장이 크거나 체중이 무거운 사람은 꼭 승차해본 후에 구매하도록 하자.

미니벨로

미니벨로의 워너비, 몰튼

많은 연예인과 여성의 워너비로 꼽히는 알렉스 몰튼의 미니벨로. 알렉스 몰튼은 자전거 계의 롤스로이스라고 불리는 최고의 수제 자전거로, 안정성과 디자인을 적절하게 조화시켰다. 프레임의 재질을 비행기 제작에 들어가는 특수 스테인리스인, 에어로 스테인리스를 사용하고 일반 자전거 프레임에서는 볼 수 없는 독특한 트러스트 구조로 설계했다.

몰튼

'파슐리 몰튼'은 한 모델당 딱 25만대만 제작하는 것으로 유명하다. 가격은 300만 원부터 최고 3,000만 원까지 고가이나, 이보다 조금 저렴한(?) 100만 원 후반대의 서브 라인업인 '브릿지스톤 몰튼'도 있다.

③ 산악자전거 (MTB)

완충능력과 제동능력이 탁월하고 엄청 가벼운 산악용 자전거.

대체로 티타늄이나 카본 등과 같은 경량소재의 프레임과 고가의 부품을 사용하므로 가격은 비싼 편이다. 간혹 안전하다는 이유로 초보 자출족에게 속여 파는 판매자가 있으니 주의하도록 한다. 산악자전거는 평범한 도로에서만 타면 가격대비 효율성 '0' 라는 것을 절대! 잊지 말도록.

산악자전거

산악자전거는 바퀴 지름이 보통 20~27인치로 시티바이크보다 작지만 두께 면에서는 1.5~2.5배 두껍다. 보통의 MTB는 경사진 길을 쉽게 오르내리기 위해 21~27단 배율의 기어가 달려 있고 쿠션 장치, 샥과 제동장치가 특수 설계되어 있다.

산악자전거도 '유사 MTB' 라는 것이 있다. 보통 30만 원대 이하의 MTB를 일컫는데 프레임 자체를 저가 소재로 사용하므로 무게도 상당하다. 모양이 비슷해서 유사 MTB라고 불리지만 실제 산에서는 탈 수 없으니 꼭! 참고한다. 소위 말하는 '신문/우유 공짜 자전거' 가 대부분 이 종류.

달인의 TIP

MTB 종류

- **크로스컨트리(Cross Country, XC)**
  가장 많이 사용하는 산악자전거 스타일. XC-Racing과 XC-Trail로 나뉜다. XC-Racing은 하드테일이라고 부르는 앞바퀴 쪽에만 샥(Shock. 충격완화장치)이 장착된 MTB로, 다른 종류에 비해 가볍고 속도를 내기 적당하다. XC-Trail은 샥이 앞/뒤에 모두 장착된 MTB로, XV-Racing 모델보다 충격에 더 강하기 때문에 험한 지형도 주행이 가능하지만, 차체가 무겁고 뒷바퀴 접지력이 하드테일보다 떨어지므로 속도를 내기에는 적합하지 않다.
- **히드테일(Hard Tail)** : 샥이 앞바퀴에만 장착된 MTB
- **풀서스펜션(Full Suspension)**
  샥이 앞뒤에 장착된 MTB. 소프트테일(Soft Tail) 이라고도 한다.
- **다운힐(Down-Hill)**
  아주 험한 지형의 내리막길을 위해 충격흡수와 제동력에 중점을 둔 자전거. 앞/뒤 서스펜션의 트레블(샥이 움직이는 거리)이 아주 길게 만들어져 있다. 자동차나 헬기 등을 타고 산 정상에 올라가 타고 내려오는 목적용이므로 많은 기어비를 제공하지 않고 차체도 매우 무겁다. 바퀴의 림도 아주 굵고 튼튼하며 헤드튜브의 각도 낮고 핸들의 높이도 높게 만들어져 일반인이 사용하기에는 무리가 있다.
- **프리라이드(Free Ride)**
  풀 서스펜션을 접목한 크로스 컨트리용 자전거. 난이도 높은 기술을 펼칠 때 매우 유용하다.
- **트라이얼(Trial)**
  산악자전거의 튼튼함을 이용해 각종 묘기를 구사할 수 있게 제작된 자전거.

하이브리드 바이크

④ 하이브리드 바이크

경주용과 산악용을 혼합한 자전거. 속도감을 즐기면서 비포장도로도 달릴 수 있다. 길거리에서 보는 자전거의 60% 이상을 차지하는 도시용 자전거(City Bike)이다.

하이브리드 바이크는 로드바이크의 속력과 MTB의 편안한 완충능력을 접목한 자전거이므로, 반대로 로드바이크 보다 느리고 MTB만큼 편하지도 않다고 말하는 사람도 있다. 그러나 저렴한 가격과 타는 데 무리가 없어 초보자가 선택해도 큰 무리가 없을 것이다. 속력을 자유자재로 조정할 수 있도록 변속기를 보통 1단~18단으로 한 것이 주류이고, 핸들은 대개 일자형(플랫 바 Flat Bar)으로 장시간 주행에도 피로감이 적은 편이다. 시내 주행 및 가까운 하이킹용으로 적합하다.

⑤ BMX

자전거로 모터크로스(크로스컨트리) 오토바이를 타는 듯한 기분의 대

리컴번트, 일명 누워서 타는 자전거

BMX

표적인 레저용 자전거.

가장 큰 특징은 핸들을 360도 회전시킬 수 있다는 것이다. 작은 바퀴에 넓은 타이어를 써서 언덕, 산길, 계단까지 가리지 않고 오르내리기가 가능하다. 이러한 특징으로 점프, 점프회전 등 다양한 묘기를 할 수 있으므로 특히 젊은이들이 선호한다.

⑥ 튀고 싶은 이색 자전거

- 리컴번트

한 마디로 누워 타는 자전거. 타는 모양새는 낯설지만, 공기저항을 거의 받지 않고 피로도도 적어서 시티 바이크나 MTB보다 훨씬 편안하다. 프레임의 형태가 일반 자전거보다 낮아 큰 하중을 쉽게 견디므로 짐을 많이 실을 수 있어 장거리 여행에 유리하다. 앞으로 크게 주목받을 자전거 중의 하나다. 단, 가격대는 최소 100만 원부터 1,000만 원대 이상을 호가한다.

- 외발 자전거

최근에 많은 인기를 끌고 있는 말 그대로 바퀴가 하나뿐인 자전거. 중심 잡기가 어렵지만 그만큼 운동량도 크고 척추 건강에 도움을 준다. 신장이 170cm 이하인 사람은 바퀴가 20인치 이하로, 170cm 이상인 사람은 24인치 정도가 적당하다. 목적에 따라 기술용, 장애물 통과용, 산악용, 장거리용, 키가 큰 일명 '기린' 등 종류가 다양하다. 가격대는 8만 원부터 기천 만원을 넘는 것까지 천차만별. 초보자는 10만 원대를 선택해도 무난하다.

외발 자전거,
타기가 매우 어려워 보이지만
한번 타보면 그 매력에 푹 빠진다

나도 개그콘서트의 달인 코너에서 보여주려고 연습했는데, 처음 중심 잡기가 어려워서 그렇지 2~3일 타고 보니 너무나 매력적이었다. 개인차가 있지만 보통 일주일이면 중심 잡고 타는데 크게 어려움이 없다.

- 픽시(Pixie)

언젠가 길을 가다, 바퀴부터 안장, 프레임까지 알록달록 예쁜 자전거를 본적이 있을 것이다. 그런데 어라? 디레일러(변속기)가 없네? 기어가 없는 자전거? 이게 뭐지?

이것이 바로 픽시(싱글기어자전거)다. 픽시는 말 그대로 기어가 없이 뒷바퀴와 코그가 픽스, 즉 고정되어 있는 자전거로 페달을 밟은 방향에 따라 앞으로도, 뒤로도 가고, 페달을 멈추면 자전거도 함께 멈추는 자전거다. (경륜에 사용하는 자전거를 생각하면 된다) 이렇듯 브레이크가 별도로 없는 픽시지만 필요에 의해서 코스터 브레이크(Coaster Brake, 뒤 페달링으로 작동되는 브레이크)나 V브레이크의 장착이 가능하다.

픽시를 한마디로 정의 하자면 글쎄… '단순함의 미학'? 그만큼 픽시의 매력에 한번 빠지면 헤어나오기 힘들다. 픽시의 특징은 먼저, 단순한 외관으로 인해 얼마든지 자전거를 화려하게 꾸밀 수 있다는 것이다.

휠은 파랗게, 프레임은 오렌지색으로, 안장은 흰색…이런 식으로 얼마든지 개인의 취향대로 변신이 가능하다.

이렇게 자전거가 하나의 패션 아이템처럼 변신 할 수 있기 때문에 해외 파파라치 사진을 보면 베컴이나, 안젤리나 졸리 같은 해외 패셔니스타들이 픽시를 타고 나온 사진을 종종 볼 수 있다.

픽시의 또 하나의 매력 이라면 색다른 라이딩 기술을 습득해

픽시바이크.
색상이 매우 알흠답다(?)는 것이 특징이다

서 좀 더 재미 있게 자전거를 즐길 수 있다는 점이다.

급정거나, 내리막 길에서 손 쉽게 탈 수 없기 때문에 일반 도로에서 타는 건 좀 위험 할 수 있다는 것도 꼭 염두 해두자.

세계에서 가장 비싼 자전거

스웨덴의 오루마니아(Aurumania)사에서 만든 황금 자전거. 이 자전거는 전체가 24k 금으로 도금된 것은 물론, 스와로브스키 크리스털 600개로 곱게 장식되어 있다. 이 정도 급이면 수제인 것은 당연지사! 안장 또한 고급 가죽안장으로 유명한 브룩스의 제품을 사용한다.
황금 자전거는 10만대 한정 제작이기 때문에 관심 있는 분들은 서두르길! 단, 가격은 1억 1,300만 원 가량!

럭셔리 브랜드와 자전거의 만남

자전거 계에도 엄연히! 명품이 존재한다.

- 자동차 & 자전거
벤츠, 아우디, BMW, 볼보, 페라리 등 자동차 회사에서 출시하는 자전거. 그린(Green) 열풍에 발맞춘 자동차 기업의 탁월한 경영감각의 산출물이다. 메르세데스 벤츠(Mercedes Benz)는 벤츠에서 출시한 제품 중 가장 고가의 폴딩 바이크. 가장 큰 장점은 이름처럼 접을 수 있다는 것으로, 접고 접고 또 접으면 고작 80 X 80 X 35cm. 가격은 400만 원 초반 대다.

- 패션 & 자전거

세계 유명 패션브랜드에서도 럭셔리 자전거를 출시한다. 패션명품 회사가 무슨! 하는 걱정이 쏙 사라질 만큼 매력적이다. 구찌의 자전거는 브론즈 컬러의 스틸 소재 프레임으로 가벼움을 강조하고, 자출족을 위한 배려(?) 혹은 자전거도 패션이라는 신념에서 출발한 듯한 초콜릿 컬러의 가죽 가방과 용품을 수납할 수 있는 '툴 케이스'를 장착해 실용성을 높였다. 혹자는 그 가죽가방이 탐나 자전거를 살 정도라나. 이 잘 만든 자전거는 700만 원~1,000만 원대. 그 밖에도 샤넬, 앙드레 김 자전거(삼천리 자전거에서 고 앙드레 김과 콜라보레이션(협업)을 통해 출시) 등이 있다.

하지만 무엇보다 중요한 것은 자전거를 타는 사람이 명품이어야 하지 않을까. 몇 백 만, 몇 천 만 원짜리 자전거를 모셔 두기만 하거나 자랑용으로 끌고 다닌다면 자전거의 존재 의미가 없다. 가격이 아니라 자전거 본연의 가치를 염두에 두기 바란다.

자전거 구매

1. 나의 첫 자전거, 짧은 만남 긴 이별

세상은 넓고 자전거의 종류는 정말 (@.@) 많다

자출을 결심하고 처음 산 자전거는 20만 원대의, 우리가 흔히 보는 유사 산악자전거(MTB)라 부르는 생활형 자전거였다. 가격이 중요한 것은 아니지만, 솔직히 가격 때문에 매력적이었다. 그때는 긴 무명 시절이었으니까. 내 자출 거리는 등촌동에서 여의도까지 매일 왕복 22km였다. 나 자신이나 자전거 모두 심한 무리가 와서 보름 만에 이별을 고해야 했다.

쓸쓸한 첫 이별 후, 두 번째는 좀 더 신중해야겠다는 생각을 했다. 자전거로 출퇴근하는 것은 물론, 쉬는 날에는 산악 라이딩도 할 계획이었기 때문이다. 로드용으로도 탈 수 있는 제대로 된 MTB를 염두에 두고,

목돈이 생기자 바로 MTB 자전거를 사버렸다. 이 친구와는 꽤 긴 인연을 이어왔다. 최근에야 무게까지 고려한 세 번째 확실한 녀석으로 교체가 이뤄졌다.

몇 번의 이별을 겪으면서 내린 결론은, 자전거를 사기 전에 딱 세 가지를 체크하자는 것!

2. 자전거 구매 전, 꼭 알아두어야 할 사항

- 자전거의 목적

자전거를 사서 도대체 어디에 쓸 것인가? 자출용으로 아니면 레저용으로 쓸 것인가, 내가 주로 어디를 달릴 것인가를 곰곰이 생각해 보고 결정해야 한다. 자전거의 종류가 정해지면 그 다음 부터는 조금 쉽다.

- 자전거 가격

적당한 가격은 얼마일까? 무엇이든 처음 사는 물건은 망설이게 된다. 덜컥 고가의 자전거를 샀다가 중도포기로 헐값에 중고시장 매물이 될 수 있고, 너무 싼 것만 고집하다가 더 좋은 자전거로 재 구입할 가능성도 크다. 애초에 갖고 싶던 자전거를 산 경우보다 더 많은 돈을 쓰게 되는 것이다. 따라서 일정 예산을 정한 후 그에 맞는 자전거를 구매하는 것이 현명하다. 물론 가격은 종류와 재질에 따라 천차만별이다. 대개 초보 자출족이 선호하는 자전거는 MTB 자전거(50~100만 원대)와 로드바이크,

하이브리드 자전거(60~100만 원대)이다. 중간에 전철과 같은 대중교통을 활용하는 자출족에게는 미니벨로(30~70만 원대)도 추천할 만하다.

- 자전거 크기

내게 맞는 자전거 사이즈는 얼마나 될까? 딱! 보기에 좋은 아담 사이즈의 내가 개그콘서트 달인 코너의 '류담'에 맞는 옷을 입었다면 내 매력이 돋보일 수 있을까? 절대 아니듯 자전거도 마찬가지다. 각자에게 어울리는 자전거는 따로 있다. 본인의 사이즈에 맞지 않는 자전거는 오히려 몸에 무리를 줌으로 반드시 짚고 넘어가야 한다. 참고로 자전거 사이즈를 확인할 때, 몇 인치(Inch) 인지를 먼저 보는데 이것은 잘못된 방법이다. 앞서 언급한 인치는 '자전거의 바퀴 치수'이다. 자신에게 맞는 자전거를 고를 때는 프레임의 길이를 확인해야 한다. 만약 인터넷 쇼핑몰로 주문한다면 처음부터 사이즈를 확실히 확인하고 사야 한다. 저렴하게 샀다가도 사이즈가 맞지 않아 그림의 떡으로 전락할 수 있다. 따라서 초보자는 직접 매장을 가는 것이 좋다.

3. 자전거 구매 방법

어떤 상품이든 가장 저렴하게 구매하는 방법은 바로 '발품'. 당연하지만 별다른 왕도가 없다. 인터넷이든 오프라인이든 발품을 많이 팔아야 한다. 일반적인 자전거 구매 경로는 크게 네 가지다.

① 오프라인 매장 구매
② 온라인 구매 (인터넷 쇼핑)
③ 구매대행 및 직접 해외구매
④ 중고 자전거 거래

자전거 구매의 중요한 두 가지 포인트는 '본인의 사이즈' 와 '타는 목적' 이다.

① 오프라인 구매

조금은 귀찮지만 가장 확실한 방법.

지금 거리에 나가보면 얼마 전까지만 해도 눈에 띄지 않던 자전거 매장들이 의외로 많다는 것을 알 수 있다. 확실히 자전거 붐이 일어났나 싶은 생각마저 든다. 이렇게 많은 자전거 매장 중에서 가장 저렴하게 구매하는 방법은 무엇일까? 바로 '정보' 와 '친해짐' 이라고 할 수 있다.

구매에 왕도는 없다. 공부하고 발 품 팔자!

인터넷에 보면 많은 오프라인 매장들이 동시에 홈페이지를 운영하고 있다. 샵주(자전거 샵의 사장)나 스태프들이 직접 운영 또는 참여하는 인터넷 커뮤니티도 흔하다. 대략적인 가격정보는 보통 이런 곳에서 알게 된다.

포털의 가격비교 코너를 이용하는 것도 좋은 방법이다. 시간 절약을 위해서 구매하고자 하는 자전거의 모델 혹은 대략적인 자전거 제품군을 집중적으로 찾는다. 물론 모든 자전거에 해당하는 방법은 아니다. 저가의 자전거는 가격의 편차가 적기 때문에 일반 매장이나 대형마트에서 세일 타이밍을 노리면 저렴하게 구매를 할 수 있다.

멋있거나 예쁜 수많은 자전거에 현혹되어 본인의 목적성을 잃어버리면 인터넷의 망망대해에 표류하며 시간은 시간대로 날릴 수 있으므로 필히 주의해야 한다.

이렇게 얻은 최소한의, 최대한의 정보를 가지고 매장을 간다. 매장도 한 곳이 아닌 가까운 거리 내 최소 세 군데 이상을 둘러봐야 한다. 매장에서 이것저것 물어보고 시승을 하다 보면 친해질 만한 샵주나 스태프를 만날 수 있다. 그런 사람이 없다면 과감히 발길을 돌려 다른 매장으로 가라. 적어도 서너 차례 방문하다 보면 어느 정도 친숙함을 느끼고, 이런 친숙함이 구매가격을 결정하는데 많은 영향을 끼친다.

여기서 잠깐! 귀찮게 그런 과정을 굳이 거쳐야 하나? 향후의 애프터서비스까지 생각해 본다면 그만큼의 시간투자는 당연하다고 감히 말할 수 있다. 더불어 필수적인 용품을 공짜로 얻거나 저렴하게 구매할 수도 있다. 대개의 매장은 자체적으로 권장판매가에서 할인하지만, 그 이상의 가격절충은 당신의 몫이다. 참고로 권장판매가의 매장 마진은 한정

달인의 TIP

체크 포인트

다리가 짧다고 걱정마시라~ 샵의 미캐닉이 알아서 조정해준다

(1) 안장에 걸터앉을 때 양다리가 지면에 닿을 정도의 높이가 적당하다.
(2) 핸들을 잡을 때에는 몸을 약간 구부린 자세가 되는 것이 좋다.
(3) 제품을 고른 뒤에 도금이나 도장이 벗겨진 곳이 없는지 확인하고 설명서와 보증서를 꼭 받아둬야 훗날 A/S받기 쉽다. 특히 초보자일수록 집과 가까운 곳에 A/S를 받을 곳이 있는지 확인해야 한다. 구매한 뒤 1개월이 지나면 나사 풀림 현상이 생길 수 있으므로 제때 점검받아야 한다.

되어 있으므로 무리한 가격절충은 피한다. 샵들도 먹고 살아야 하지 않겠는가?

체크 포인트

(1) 제품은 반드시 완전히 조립된 상태로 사는 것이 좋다.
(2) 부분 조립된 상태로 구매한 경우에는 가까운 자전거 전문 대리점에 조립을 의뢰해야 한다. (조립비용은 별도로 든다)
(3) 소비자가 직접 조립하여 발생하는 각종 사고 및 문제점에 대해서 PL(제조물 배상책임)법 상 보상을 받을 수 없다.
(4) A/S가 가능한지 반드시 확인하라.

② 온라인 구매 (인터넷 쇼핑)

위험하지만, 가장 저렴한 방법.

가장 저렴할 수는 있지만 어찌 보면 가장 위험한 방법이다. 보통 온라인 구매는 분해된 상태로 와서 자칫하면 조립비용 등의 부담이 더 커진다. 초보자에게는 옳지 않은 방법이다.

앞서 언급한 대로 인터넷 쇼핑도 결국 오프라인 매장들이 운영하는 곳이 많다. 그것은 이른바 오픈 마켓이라 부르는 옥션, G마켓 등도 마찬가지다. 보통 인터넷 판매를 하는 곳은 상품물량을 대규모로 취급하기 때문에 저렴하게 확보 및 판매가 가능한 것이다. 이런 곳에서의 구매는 주의할 점이 많은데 실제 시승을 하지 않기 때문이다. 시승 없이 구매하면 만족도는 현저하게 떨어진다. 좋은 방법은 인터넷에서 구매하더라도 먼저 오프라인 매장에서 시승을 해보는 것이다.

가격이 무조건 싼 것만이 능사는 아니다. 판매자가 제공하는 서비스나 사은품 등을 꼼꼼히 체크하고 A/S도 확실히 점검해야 한다. 또한 결제방식에서 현금결제를 하면 더 싸게 해준다고 하는 직접입금 방식보다는, 카드나 에스크로 서비스 등 안심결제 서비스 방식을 제공하는 쇼핑몰을 이용하는 것이 좋다.

체크 포인트 – 해외 사이트

(1) 신뢰할 수 있는 쇼핑몰인지 확인하라.
(2) 가격 단위와 환율 계산에 주의하라. 잘못하면 국내보다 더 비싼 가격을 줄 수 있다.
(3) 가능하면 DHL과 같이 신뢰할 수 있는 배송업체를 택하라.
(4) 제품 가격과 배송료를 합해 15만 원이 넘어가면 관세 8%, 부가세 10%를 내야 한다.
(5) 만약의 경우를 대비해서 해당 사이트의 언어가 가능한 지인을 확보하라.

③ 구매대행 및 직접 해외구매

한국에는 없는 나만의 특별한 자전거 구매 방법.

이 경우는 초심자에게 해당하지 않는다. 하이엔드(High-end) 유저에게 보이는 구매형태로 보통 자신이 찾는 자전거나 용품의 모델이 국내에 없는 경우 선택하게 된다. 대부분은 일본을 대상으로 한다. 일본의 해당 쇼핑몰과 링크하여 현지 가격을 직접 확인할 수 있으므로 가격비교 후 상품을 고르고 구매대행을 요청한다.

요금은 기준환율을 근거로 상품가격(현지 세금포함) + 현지 운송비 + 국내반입 운송비 + 관세 + 국내 운송비 + 구매대행처 수수료 등으로 이뤄진다.

구매대행처의 수수료는 제각각 이므로 수수료 비교가 필요하다. 관세는 제품가격 + 배송료를 합해서 15만 원이 넘는 경우, 2010년 기준으로 수입가의 8%, 부가가치세는 10%이다.

한편 직접 해외구매를 할 경우는 eBay 같은 경로를 통하는데 상당한 노하우가 필요하다. 그만큼 위험요소도 높다.

④ 중고 자전거 거래

헐값에 사는 새 것 같은 자전거.

드라마를 보면 사연 많은 여자의 눈빛은 묘한 매력이 있다. 그윽한 눈빛 하나에도 뭔가 이야기가 담겨 있는 것 만 같다. 중고 자전거의 매력도 그렇지 않을까? 물론 새 자전거가 좋지만 어디 자전거가 한 두 푼 인가. 이전 주인과의 애정 어린 추억, 손 때 묻은 기억까지 고스란히 간직한 편한 친구, 이 자전거와의 출발이 썩 나쁘지 않다. 중고도 발품 팔아 잘 만 고르면 새 것 이상의 만족감을 얻을 수 있다. 이제 막 자전거를 시작하는 사람이라면 굳이 새 것을 고집하지 않아도 된다.

중고 자전거와는 다음의 장소에서 만날 수 있다.
(※ 인터넷 쇼핑몰의 특성상 폐쇄 등 변화 가능성 주의! 2011년 4월 기준)

- 내 마음 속의 미니벨로 cafe.naver.com/minivelobike
- 두 바퀴 www.dubaqui.com
- 바넷 www.ba-net.co.kr
- 바이크셀 www.bikesell.co.kr
- 자출사 cafe.naver.com/bikecity
- 중고 자전거 직거래 cafe.daum.net/daumbtb
- 와일드바이크 www.wildbike.co.kr
- 옥션 중고자전거 www.auction.co.kr
- 11번가 중고자전거 www.11st.co.kr
- 키키바이크(일본 중고 자전거) www.kikibike.co.kr
- 모노바이크(일본 중고 자전거) www.monobike.co.kr
- 자이크 www.jike.co.kr
- 이티자전거(AS가능) www.et-bike.com

달인의 TIP

체크 포인트

(1) 반드시 직거래하라.
(2) 프레임, 변속기, 바퀴, 브레이크 슈, 핸들 등 눈으로 확인하고 직접 타라.

자전거 대여소

꼭 내 자전거만 필요한 것은 아니다. 찾아보면 곳곳에 자전거 대여소가 꽤 된다. 자전거 구매 전 비슷한 유형도 체험할 수 있다.

자전거 무료 대여소 – 서울 기준
- 홍남교 (홍제천 홍남교) 02-330-1655
- 양천구 (목동 청소년 수련관 옆) 02-2653-2967
- 응봉역 (응봉역 1번 출구) 02-2298-8111
- 옥수역 (옥수역 근처) 02-2298-8003
- 강변역 (강변역 구의공원) 02-450-1636
- 상계역 (상계역 고가 밑) 02-936-5240
- 당고개역 (당고개역 고가 밑) 02-936-5236
- 한내공원 (한내공원 내) 02-971-7364
- 중계역 (어린이 교통 공원) 02-971-7364
- 잠실역 (잠실역 1번 출구 앞) 02-3431-4380

- 문정 · 가락 (가락시장) 02-430-4380
- 풍납 (삼포레미콘 건너) 02-475-4380
- 거여 · 마천 (거여고가 하부) 02-402-4380
- 영등포구청 (영등포구청 내) 02-2670-3888
- 월드컵경기장 (월드컵경기장 남문) 02-3153-9642
- 안양천대여소 (안양천 제방, 금천구청역 뒤) 02-802-8571

자전거 유료 대여소 - 서울 기준

※ 1시간 단위 : 1인용 3,000원/2인용 6,000원
　 초과 15분당 : 1인용 500원/2인용 1,000원 (2011년 기준)

- 한강뚝섬지구 (청담대교 밑)
- 한강이촌지구 (거북선나루터 옆)
- 한강망원지구 (성산대교 밑)
- 한강난지지구 (난지캠핑장 후문)
- 한강광나루지구 (만남의 광장 옆)
- 한강잠실지구 (유람선 선착장 옆)
- 한강잠원지구 (구 럭비구장 앞)
- 한강반포지구 (반포안내센터 앞)
- 한강여의도1지구 (원효대교 밑)
- 한강여의도2지구 (여의도안내센터 옆)
- 한강양화지구 (유람선 선착장 옆)
- 한강강서지구 (방화대교 밑)
- 여의도공원 (여의도공원 내)
- 서울숲 (서울숲공원 내)
- 응암역 (응암역 4번 출구 / 1시간당 1,000원)

200만원이 20만원이 된 까닭은?

남편들은 모른다. 아내의 옷과 화장품이 그렇게 비싼지.
아내들도 모른다. 남편의 자전거가 그렇게 비싼지.

결혼한 친구 대부분은 아내에게 용돈 받아 생활한다. 내 친구도 한 달에 20~30만 원씩 타 쓰는 평범한 샐러리맨이다. 빠듯한 용돈으로 비자금 한 번 마련할라치면 그야말로 피눈물 나는 짠돌이 생활에 돌입해야 한다. 그런 친구가 내 새 자전거를 보더니, 술 담배 끊고 근 6개월을 모아 300만 원짜리 드림~ 바이크를 장만했다.

비싼 자전거를 샀다고 당장 돈으로 바꿔 오라고 난리를 칠 아내 때문에 친구는 "뭐, 그냥 동네에서 운동 삼아 타려고 20만 원주고 샀어", "그래 잘했네~ 당신 요즘 배 너무 나오더라. 근데 마트에서 한 10만 원이면 사던데 너무 비싼 거 아냐?" - 땀 삐질 거리며 - "아... 디자인이 좋잖아. 싸게 산 거야 이 정도면. 운동 열심히 해서 본전 뽑을게"

은근슬쩍 고가의 자전거를 집안에 입성시키고 애지중지, 진자리 마른자리 살펴가며 베란다에 고이 모셔놓고 지냈는데, 문제는 대청소 날 터졌다. 아내가 베란다 청소를 한다고 자전거를 현관밖에 내다 놓고 깜박한 것이다. 비싼 자전거가 자물쇠도 없이 밖에 내놨졌으니 '저 그냥 가져가 주세요~' 하는 꼴과 마찬가지다. 결국 집에 돌아온 친구는 자전거를 잃어버렸다고 노발대발 난리가 났는데, 아내는 통명스럽게 이렇게 얘기하더란다.

"몇 푼이나 한다고 그 난리야? 자, 30만 원이야. 10만 원이나 더 줬어! 더 좋은 걸로 새로 사!!"

고기도 먹어 본 사람이 잘 먹고, 자전거도 아는 사람이 멋진 자전거를 알아본다. 라이딩을 하다 보면 나도 모르게 고개가 절로 돌아가는 녀석들을 만날 때가 있다. 그리고 나서 눈 아래 내 자전거를 보면 왜 그리 초라해 보이는지. 그래서 가끔 지름 신이 강림하시는데, 좋다! 능력 돼 좋은 자전거 사겠다는데 누가 말리겠는가? 하지만 후환이 두렵다면 아내에게 여친에게 거짓말은 하지 말자. 제값 부르고 떳떳하게 오래 살자.

달인? 달인?? 인간 김병만!!!

"김병만씨 돈 많이 버셨죠?"
요즘 가장 많이 듣는 질문 중의 하나다. "부모님께 집 한 채 사드리고 편히 모실 수 있는 만큼은 벌었는데…" 라고 말끝을 흐리게 된다.
부모님 편히 모시려고 고향에 집 사드렸지만, 지금 그 곳엔 아버지가 안 계신다. 아버지께선 지금 대장암과 치매로 매우 편찮으시다. 가족 모두가 생계에 매달려 지낸 지난 10년 동안 아버지의 치매가 서서히 진행되는 것을 아무도 몰랐다. 설상가상 대장암 치료가 진행되면서 치매가 급격히 나빠졌고 이제는 이 아들 얼굴도 못 알아보신다. 유명 개그맨이 될 때까지 고향에 내려가지 않겠다고 독하게 버텼는데, 아이러니하게도 웬만한 대한민국 사람들이 다 알아보는 나를 정작 당신께선 못 알아보신다.
돈 벌어서 부모님 편히 모시겠다는 일념으로 앞만 보고 달려왔는데. 아픈 것도 다친 것도 돌아보지 않고 달려왔는데. 그냥 다 관두고 주저앉고 싶었다. 하지만 내가 무너지면 남은 가족들 모두가 무너지리라는 것을 잘 알고 있기에 그럴 수는 없다.
10여 년 전, 부모님께 집 한 채 장만해 드리겠다던 꿈을 꿨던 것처럼 지금의 나는 새로운 꿈을 꾸고 있다. 아버지가 단 1분이라도 나를 알아보시는 날이 다시 올 거라는 꿈. 그 믿음으로 나는 오늘도 달린다.

[3부]
자출의 달인, 빠라바라밤 김병만

첫째 주,
달인이 달린다

　사람들은 자출을 하는 나를 신기해한다. "어떻게 꾸준히 자출을 해요?", "비법이라도 있어요?"하고. 그러나 나는 특별히 자전거를 잘 타거나 엄청난 비법을 가지고 있는 것이 아니다.

　"한 달만 버티면 바퀴는 저절로 굴러가요." 그저 이 책을 따라 첫째 주, 둘째 주, 셋째 주 그리고 넷째 주까지. 일주일 단위의 시기별 맞춤 노하우를 따라가면 된다. 차근차근 시간을 들여 열심히만 타준다면 어느새 한 달은 흐르고 힘 안 들이고 바퀴가 굴러가는 마법을 경험할 것이다.

　자전거 출근, 자출은 생각만큼 거창하지 않다. 새 삶으로 이끌 자출의 세계로, 자~ 나를 따라 출발!

본격 라이딩을 위한 필수 테크닉 – 준비

자출족으로의 첫 번째 날.

코스 답사와 자전거 구매가 끝났다고 모든 준비가 완료된 것이 아니다. 진정한 자출족으로 거듭나기 위해서는 철저한 준비와 올바른 라이딩 방법이 필수다. 자전거 하나 타는데 뭐 그리 준비할 것이 많으냐고 묻고 싶은가? 이 달인을 믿어라. 준비 없이 섣불리 시작했다가 오히려 건강을 해칠 수도 있다.

자, 페달을 밟기 전에 마지막으로 잔소리 한 번 더 해볼까?

① 준비 운동

아무리 귀찮아도 준비 운동은 꼭 해야 한다.

본격적인 라이딩에 앞서 몸의 적응이 필요하다. 특히나 자출은 적지 않은 거리를 달리는 것이므로 더 더욱 중요하다. 사실 나도 귀찮아서 빼먹은 적이 몇 번 있긴 하지만 그런 날 다음에 라이딩을 하면 꼭 중간에 다리에 쥐가 나서 애를 먹었다.

스트레칭은 10~15분 정도가 가장 좋지만 바쁜 출근시간, 황금 같은 10분, 20분을 준비 운동에 할애하기는 쉽지 않다. 하지만 처음 1주일 동안만은 달콤한 아침잠을 포기하더라도 준비 운동을 철저히 하자. 다음 날 아침 온몸에 파스냄새 풍기며 출근하고 싶지 않으면 말이다.

스트레칭해서 남주는 거 아닙니다~

어느덧 몸이 자출에 익숙해졌다면, 최소한 5분 정도는 준비 스트레칭을 해줘야 한다. 아파트에 거주하는 사람들은 지하 주차장에 자전거를 두고 계단을 이용하는 방법으로 준비 운동을 대신할 수 있다.

준비운동은 특히 허벅지를 집중적으로 풀어주는데, 아무래도 허벅지의 앞쪽과 바깥쪽 근육을 많이 쓰기 때문이다. 페달링으로 발목에 무리가 가지 않도록 발목 운동도 충분히 해줘야 한다.

② 자전거 점검

두 번째 단계에서 점검해야 할 것은 복장과 자전거.

쫄바지(져지용 패드바지)에 헬멧. 라이딩의 정석으로 볼만한 복장이면 100점 만점에 100점이다. 그러나 초보 자출족에게 쫄바지를 권하면 당장 달아날지도 모른다. 차선책은 신축성 있고, 체인과 크랭크에 걸리지 않도록 폭이 좁은 바지면 된다. 발목 밴드도 참 유용하다.

그러나 가급적이면 제대로 된 자전거 전문의류와 용품을 권한다. 여러 가지 기능적으로도 좋지만 원래 옷이 날개라고 하지 않던가! 라이더에게 쫄바지는 단순한 쫄바지가 아니다. 프로의 냄새를 풍기는 복장은 운전자에게 "나 프로 자출이에요. 알아서 비켜주세요~"라는 암묵적인 표시가 된다. 그래서 위협적으로 끼어들거나 경적을 울리는 운전자들이 훨씬 적어진다. 특히 자전거 도로여건이나 라이더에 대한 에티켓이 부족한 우리나라에서는 라이딩 복장 하나만으로도 안전을 확보할 수 있다.

손으로 타이어를 눌러보는 것만으로도 안전의 반은 확보된다

자전거와 라이더는 한몸이다. 라이더의 컨디션 못지 않게 자전거의 상태도 최상이어야 한다. 본격적인 라이딩에 앞서 바퀴의 바람 상태는 괜찮은지 체인의 상태는 튼튼한지 기본적인 상태 점검은 필수다.

③ 안장

자, 이제 자전거에 오르면 그다음 체크해야 할 것이 바로 안장 높이다.

자전거를 사고 분명 주인아저씨의 조언대로 안장을 맞췄는데 막상 라이딩을 하려고 하니 불편했다는 초보 자출족이 많다. 처음 라이딩할 때 안장의 높이 때문에 애를 먹는 라이더가 의외로 많다는 얘기다.

사실 초보에게는 본인에게 딱 맞는 안장 높이를 맞추는 일이 여간 어려운 것이 아니다. 안장이 너무 높으면 무릎 뒤쪽에 무리가 가고, 반대로 너무 낮으면 무릎 앞쪽에 무리가 간다. 따라서 발을 페달에 얹고 지면 쪽으로 최대한 내린 상태에서 무릎의 각도가 15~20도 정도 되도록 안장의 높, 낮이를 조절한다.

하라는 대로 했는데도 불편하다고 외치는 사람이 분명히 있다. 내 몸에 딱 맞는 자전거로 길들이기 위해서는 어쩔 수 없이 겪어야 하는 통과

의례다. 힘들긴 해도 여러 번의 라이딩을 통해 시행착오를 겪다 보면 본인에게 딱 맞는 안장 위치를 찾을 수 있다. 원래 가장 값진 배움이란 몸소 겪어가며 익히는 법이니까.

엄마아~ 엄마아~ 엉덩이가 뜨거워

자출을 포기하게 하는 것 중의 하나가 바로 엉덩이 통증! 엉덩이 통증은 자전거를 타면서 다리 통증 못지않게 자출을 포기하게 하는 주 원인이다. 도로를 주행할 때는 5~10분마다 엉덩이를 살짝살짝 들어 통증을 줄여보자.

기특하게도 누군가 자출족을 위해 개발한 것이 있으니 바로 엉덩이에 패드가 달린 바지. 사실은 전문 레이스용 져지인데, 별거 아닌 것 같아도 한번 입어보면 홀딱 반할지도 모른다. 이와는 별도로 일반 바지 안에 착용할 수 있는 패드 속바지도 있고 안장을 덮을 수 있는 젤 패드 커버도 있으니 달라붙는 옷이 부담스러운 분들은 애용하시라.

또 하나! 속도를 내는 레이싱에 유리한 날렵한 모양의 안장은 엉덩이를 좀 더 혹사한다. 자전거를 탈 때마다 괴롭히는 남모를 아픔을 피하고 싶다면 쿠션감 좋은 안장을 택하는 것이 좋다. 특히 남성보다 골반이 약 1㎝가 넓은 여성 라이더라면 여성 전용으로 나온 안장을 추천한다. 딱딱한 안장이라고 무조건 나쁜 것은 아니다. 회음부에 주는 압박이 적어 오히려 편안하기도 하다. 그러므로 하나의 안장만 고집하지 말고 업그레이드해보자. 무엇보다 본인에게 맞는 안장을 찾는 것만이 편안한 라이딩을 위한 방법이라는 것을 명심하자.

나름 섹시한 맛이 있어 한번 입으면 벗기가 싫어진다. ^^

전립선 보호안장, 가운데 구멍이 예사롭지 않다

전립선 보호안장과 비슷한 모양새지만 여성의 라인을 고려한 전용안장이다

본격 라이딩을 위한 필수 테크닉 - 주행 기술

① 기어

두 발을 페달 위에 얹고 두 손은 가볍게 핸들 위에 놓고 다리를 굴리면 자전거는 앞으로 가고, 나도 앞으로 간다. 주행은 생각보다 간단하다.

이때 시선은 정면을 향하고 체중은 핸들, 안장, 페달에 골고루 분산시켜야 몸에 무리가 덜 간다. 자출은 아무래도 중·장거리가 되므로 본인에게 맞는 기어비(기어 값)를 찾는 것이 무엇보다 중요하다. 처음에는 아주 가벼운 기어로 놓고 서서히 속력을 올리면서 기어도 함께 무겁게 올리는데, 이 때 다리의 느낌이 계단을 오르는 것 같은 느낌이 들면 그것이 적합한 기어비다. 초보자는 가능하면 기어를 가볍게 두고 타는 것이 좋다.

처음부터 씽씽~달릴 수 있다면 얼마나 좋을까? 하지만 안타깝게도 초보자를 슬프게 하는 몇 가지 고비들이 있다. 너무 긴장하지는 마라. 다 넘어가는 요령이 있으니까.

- 기어란 무엇인가?

같은 힘으로 다양한 조건의 도로를 비교적 순탄하게 달리게 하는 기특한 녀석이다.

기어는 핸들바 좌우에 있는 변속 레버로 조정하고 원하는 기어에 체인을 올려놓게 된다. 초보 라이더에게 기어 변속은 쉽지 않지만 차츰 빛의 속도로 하는 자신을 발견하게 될 것이다. 그러니 너무 조급해 하지 않기를 바란다. 뭐든 급하게 먹으면 체하는 법이다.

- 기어 변속 방법

자출의 달인 김병만 선생의 올바른 기어 변속 비법! 우두둑~ 소리를 찾아서.

지금 이 소리는 초보 자출족이 기어 변속을 할 때 나는 소리다. 그렇다. 기어 변속을 잘못하면 뭔가 뚝뚝 부러지는 소리가 난다.

기어변속 하나만 잘해도 훌륭한 자전거 달인이 될 수 있다. 사진은 고단기어 변속조작 모습

그런데 그 소리는 단순한 소리가 아니라 체인과 기어 수명이 단축되는 소리다. 운명을 달리 하기도 한다.

기어 변속을 할 때는 페달의 회전수를 약간 높여 공회전 하듯이 살며시 밟은 다음, 체인이 기어에 맞물리게 되면 그때 힘을 주어 페달을 밟아 기어 변속을 완성한다. 처음에는 조금 어려울 수 있으니 익숙해 질 때까지 진행해보자.

- 오르막길에 대처하는 기어 변속

오르막길의 경사가 심하면 앞바퀴가 들려, 초보 라이더는 당황할 수 있다. 그런 불상사를 미연에 방지하기 위해서는 오르막길에 들어서면 언덕의 경사에 맞게 미리 앞쪽 기어, 혹은 뒤쪽 기어를 낮게 변속한다. 그런 다음 상체에 무게를 실어 핸들 쪽으로 몸을 굽혀준다. 뭐든 지나치면 아니함만 못한 법이므로, 지나친 힘으로 뒷바퀴에 슬립(미끄럼)이 나지 않도록 저속 기어로 부드럽게 달려준다.

- 내리막길에 대처하는 기어 변속

CF에서 여자 주인공은 내리막길에서 두 손을 놓고 상쾌하게 바람을 맞으면서 내려온다. 그러나 현실에서는 무리한 연출을 하면 큰 코는 물론 온몸이 다칠 확률이 높다. 내리막길 전에는 브레이크 와이어 고정이 느슨한지 미리 체크해서 속도를 낮춰야 한다. 제동 거리가 길어 위험한 상황에 놓일 수 있기 때문이다. 또한 무게 중심을 최대한 뒤로 두고 자세를 낮추는 것이 무엇보다 중요하다.

- 자전거 종류별 기어 (일반적 기준)
- 일반 자전거 : 앞쪽 기어 3단, 뒤쪽 기어 7~9단
- 로드 바이크 : 앞쪽 기어 2단, 뒤쪽 기어 10단 (경우에 따라 다름)
- 미니벨로 : 앞쪽 기어 1단, 뒤쪽 기어 7~8단
- MTB : 앞쪽 기어 1~3단 (작은 체인링부터), 뒤쪽 기어 1~9단 (큰 카세트부터)

② 주행 실전

나는 서울의 한강 변을 따라 출근한다. 내 자출 코스를 통해 실제 주행 기술을 설명하겠다.

일명 달인의 자출 코스 따라잡기!

〈달인 김병만 실제 자출 코스〉

✓ 코스 : 서울 강서구 방화동 집 → 여의도 KBS 방송국

✓ 거리 : 약 13km

✓ 소요시간 : 약 30~40분 (컨디션이 좋을 때는 25분)

전쟁에 나가는 병사가 총을 빼놓지 않는 것처럼, 나는 장비 점검을 꼭 한다. 자전거에 이상이 없는지 간단한 체크도 잊지 않는다. (아침에는 정신이 없어서 전날 밤이나 퇴근하고 돌아왔을 때 하는 경우가 많다) 이것이 끝나고 나서야 당신이 부끄러워하는 바이크 패션(쩌지)을 당당히 갖춰 입는다. 물론 헬멧 같은 보호장구도 잊지 않는다. (건강하게 오래 살기 위해 자전거를 타는데 안전을 소홀히 하면 그 무슨 소용인가!) 마지막으로 가볍게 몸을 풀어주면 준비 끝! 이제 남은 것은 뭐? 고고씽~~

- 한강 자전거도로 진입

코스를 좀 돌아가더라도 한강 변의 자전거 전용도로를 이용하는 것이 안전하고 편하다. 외국을 많이 다닌 것은 아니지만, 그 어느 도시보다 서울이 아름답다고 느끼는 이유 중 하나는 한강 때문이다. 그 옆을 시원스레

으라차차~ 오르막아 덤벼라~

달릴 수 있는 자전거 도로가 있어서 아주 좋다. 아름다운 한강 자전거 도로를 집 앞에서부터 즐기면 좋겠지만, 동네 일반 도로나 자전거 전용도로 혹은 자동차 도로를 지나야 한다.

문제는 도심 속 도로가 대부분이 전용도로가 아닌 보행자 병행도로라는 것이다. 따라서 보행자와 함께하는 법을 배워야 하는데, 무조건 보행자 위주로 조심조심 다녀야 한다. 조금은 억울할지 몰라도 함부로 벨을 울려서도 안 되고 보행자의 진로를 방해하는 것도 금물이다. 친구와 함께 자전거로 달릴 때는 유치원 시절 "참새~ 짹짹" 하듯 항상 종렬로 달려야 한다. 도로법상 자전거는 엄연히 '차' 로 분류되기 때문이다. 원칙적으로는 인도로 다니는 것 자체가 불법이다.

방화동 우리 집을 출발해서 한강 자전거 도로로 진입하기 전에 첫 번째로 만나는 곳은 강서습지생태공원. 나는 워낙 자전거 달리기를 좋아하고 모험심이 많아서 초보 자출족 시절, 코스 개발을 위해 안 가본 곳이 없다. 내가 찾아낸 코스만 해도 무려 10,000여 가지 이상(?)이 될 것이다. 하지만 요즘은 인터넷이나 스마트폰으로 툭툭 지도검색만 해도 간단히 한강 자전거 도로 진입로를 쉽게 찾을 수 있다. 아 세상 참 좋아졌다!

강서습지생태공원

강서습지생태공원은 방화대교 남쪽에 있는 한강에서도 알아주는 철새 도래지다. 오가는 사람들과 자동차 그리고 망망대해 같은 한강이 어우러져, 한 폭의 그림처럼 펼쳐져 있다.
조금은 단조로운 자출길에 꿀물과 같은 존재다.

일반도로에서 자전거는 약자다
첫째도 둘째도 안전이다

– 일반 도로 진입

• 직진 요령

한강 변 자전거 도로를 나오면 여의도 방송국까지는 일반 도로를 이용해야 한다. 강서습지생태공원으로 진입해서 한강을 끼고 쭉 달리다 보면, 한강시민공원 양화지구(약 2/3지점)가 나오고 좀 더 달리면 한강시민공원 여의지구를 만나게 된다. 그러다 서강대교 남단 사거리에 도착하면 영원할 것만 같던 한강 자전거 도로가 작별을 고한다.

시내로 들어서면 복작복작 차도 많고 사람도 많고, 당최 자전거는 어디로 가야 할지 갈피를 못 잡는다. 이쯤 되면 초보들이 흔히 겪는 갈등에 도달하게 된다. "자전거는 인도로 가야 할까요? 차도로 가야 할까요?"

정답은, 바로 차도! 심지어는 인도와 차도가 구분된 곳에서 인도로 달리면 3만 원의 벌금을 물 수도 있다.

차가 씽씽~달리는 차도로 끼어드는 것이 겁나기도 하지만 안전 수칙만 잘 지키면 무사히 출근할 수 있다. 연약한(?) 자출족의 몸으로 도로 위의 강자인 자동차와 어깨를 나란히 하고 달리려면 일단, 차도의 가장자리 차선을 이용해야 한다. 그리고 모든 신호를 자동차와 똑같이 지키면 된다. 옆에 메르세데스 벤츠가 오더라도 위축되지 말고 빨간 불에는 멈추고, 파란 불에는 달리는 기본에 충실하면 된다.

• 좌회전 요령

초보 운전자가 직진만 하다 부산까지 갔다는 시트콤의 에피소드처럼, 직진만 하고 출근할 수는 없다. 일반도로 위 최고 난적! 좌회전 되시겠다. 바깥 차선을 달리다가 좌회전을 하는 것은 무척이나 어렵다. 게다가 도심 속의 폭넓은 3, 4차선의 도로를 만나게 되면 맨 왼쪽 차선은 언감생심이다. 이럴 때는 일단 직진신호를 이용, 직진해서 오른쪽에서 오는 차들의 맨 앞자리를 가로챈다. 그리고 나서 다시 좌회전하면 된다. 비록 신호 대기를 두 번이나 기다려야 하지만, 요 방법 참~ 괜찮다.

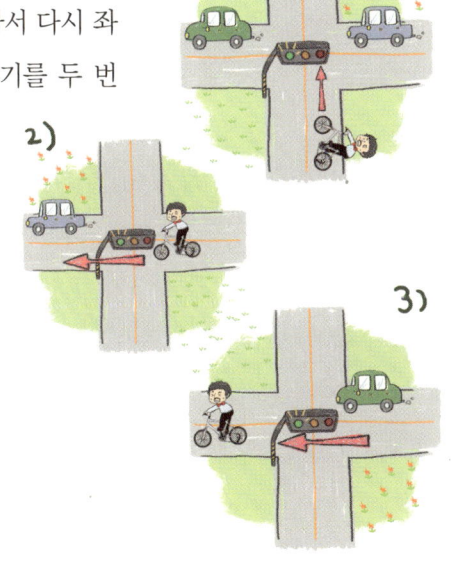

평상 시에는 일단 자동차 운전자들과 눈을 마주치는 습관을 들인다. 운전자와 눈이 마주치게 되면 인간의 교감이라는 것이 굉장한 역할을 하기 때문이다.

• 급정거 방법

자전거를 타다 보니 우리네 인생과 자전거 출근길이 많이 닮았다는 것을 느낀다. 인생에서 성공 가도를 달릴 때처럼 쭉쭉 뻗은 도로를 달릴 때

급 브레이크를 잡지 않도록 늘 전방을 주시해야 한다

도 있고, 생각대로 일이 풀리지 않아 고생 할 때처럼 울퉁불퉁 비포장도로를 달릴 때도 있다. 언제 어디서 무슨 일이 생길지 모르는 인생처럼 자전거 출근길에도 돌발상황은 있다. 그때 필요한 것이 바로 급정거. 운전면허시험을 볼 때 '돌발' 하며 급정거시키고 비상등 켜는 이치와 같다고나 할까? 그렇다고 자동차 운전처럼 급하게 브레이크를 꽉~ 잡으면 마음은 제자리인데 몸이 앞으로 날아가는 유체이탈(?)을 경험할 수 있다. 급정거하는 요령을 살짝 말하자면, 일단 무게중심을 최대한 뒷바퀴 쪽으로 옮기고 뒷 브레이크를 잡으면 앞으로의 급격한 쏠림 없이 무사히 할 수 있다. 이 방법에 조금 익숙해지면 앞/뒤 브레이크를 같이 잡아도, 빛의 속도(여기서 말하는 빛의 속도는 40km/h ^^)로 달리는 와중에도 2, 3m 앞에서 급정거할 수 있다.

• 도착

드디어 방송국 도착!
자, 그럼 오늘도 상쾌하게 웃기러 가 볼까.

드디어 도착~
케이비에쑤~ 하지만 주차의 순간까지
끝까지 방심하면 안 된다

본격 라이딩을 위한 필수 테크닉 – 청결
청결의 달인, 암내 김병만 선생

"안녕하세요. '달인을 만나다' 입니다. 오늘 이 시간에는 지난 16년간 단 한 번도 땀을 흘린 적이 없다는 청결의 달인, 암내 김병만 선생님을 모셨습니다."

 "반갑습니다."

"지난 16년간 단 한 번도 땀을 흘린 적이 없다는데, 사실인가요?"

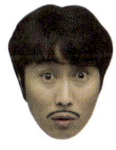 "그렇습니다. 전 땀 냄새 이런 거 아주 싫어합니다."

"그렇군요. 굉장히 청결에 신경을 쓰시는데, 여름에도 땀을 안 흘리시나요?"

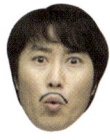 "여름에도 땀 한 방울도 안 흘립니다. 땀이 나오려고 하면 제가 따끔하게 혼냅니다. 그럼 겁 먹고 쏙 들어갑니다."

"네?"

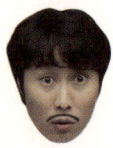
"땀방울이 겁먹고 들어가는 거 봤어?"

"아니요~"

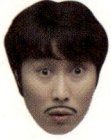
"못 봤으면 말을 하지마~ 땀방울 고 작은 게 겁먹은 얼굴을 하면 내가 또 맘이 약해져서 아주 그때마다 마음이 아파요."

"일단 알겠습니다. 그런데 다른 자출족들은 땀 냄새 때문에 고민이 많다고 하는데, 무슨 방법 없을까요?"

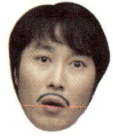
"있지요. 아주 간단하고 누구나 따라 할 수 있습니다"

"정말요? 그럼 한번 보여 주시죠"

'햐~'

"왜 이러세요~ 아우 썩은 내야…"

"거보세요.. 암내 보다 강한 입내가 있으면 아무 걱정 없습니다. 캬~"

"나가!!"

무사히 일터에 도착한 당신! 의욕적으로 일을 시작하려고 하는데 이 찜찜한 기분은? 바로 땀이다. 직장 내에 샤워시설이 있다면 문제 없지만, 대부분은 샤워실까지 갖춰놓지는 못한다. 점차 시설 설치가 늘고 있지만, 자전거 천국인 일본은 대부분의 기업체에 이런 시설을 완비하고 있다.

개그콘서트의 '달인' 코너는 내겐 '구원' 같은 것이다

그래서 준비했다! 지난 16년간 단 한 번도 샤워한 적 없는 청결의 달인, 암내 김병만 선생의 청결 노하우~

- 첫 번째 방법

간단하다. 회사에 샤워시설이 없다면 땀이 날 정도로 달리지 않는다. 시원하게 바람을 가를 정도로만 달려도 기분은 충분히 상쾌하다. 다만 10분~20분쯤 일찍 서둘러야 한다.

- 두 번째 방법

타월 두 장과 회사에서 입을 옷을 따로 준비해 둔다. 타월 하나에 물을 적셔 몸을 구석구석 닦고, 남은 타월로 물기를 닦은 후 준비한 옷으로 갈아입는다. 뽀송뽀송한 기분으로 회사업무를 볼 수 있다. 타월은 스포츠 타월이면 더욱 효과적이고, 데오도란트를 함께 이용하면 상쾌함도 느낄 수 있다.

나름 청결한 남자라구요~ 유후~

- 세 번째 방법

회사에 샤워실이 없으면 스스로 만들어라! 화장실에는 보통 청소도구를 넣어두는 안 쓰는 칸이 있다. 그 곳이 샤워실이다. 남들보다 조금 일찍 출근하면 딱히 화장실을 이용하는 사람도 없어 안락하게 쓸 수 있다. 찬바람이 불면 전기온수기를 달아 따끈한 물로도 샤워할 수 있다. 전기온수기는 약 15만원 미만이다.

- 네 번째 방법 (여성 자출족에게 권함)

직장과 가까운 헬스, 에어로빅 등 스포츠센터에 등록해 샤워장을 이용한다. 샤워하고 드라이로 머리도 말리고, 간단하게 화장까지 편하게 할 수 있다.

달인 김병만, 맨몸으로 울다

자출을 시작한 지 얼마 되지 않았을 때다.
여느 때처럼 자전거를 타고 연습실로 향했고 워낙 내가 한.깔.끔 하시는지라 도착하자마자 샤워를 하기로 맘먹었다. 연습실에는 따로 샤워실이 없었기 때문에 화장실에 호스를 연결해서 해결해야 했다. 가방에서 주섬주섬 세면도구를 챙기고 화장실로 고고씽~ 처음에는 화장실에서 샤워한다는 것이 좀기도 하고 혹시 다른 사람들에게 피해가 갈까 불안했는데, 몇 번 하다 보니 그런대로 적응되었다.
룰루랄라~ 구석구석 샤워를 하고 이제 수건으로 물기를 닦았으니 벗어놓은 옷만 차례대로 입으면 되는데~
OMG(오 마이 갓)! 옷이 없다. 속옷까지 사라졌다. 등에서 식은땀이 흐른다. 분명 화장실 문 위에 얹어 놨는데. 밖으로 떨어졌나 싶어 빠끔히 문을 열고 얼굴을 내밀어 옷들의 행적을 찾았지만 어디에도 없었다.
수건으로 주요 부위만 가려야 하나? 휴지로 미라처럼 둘둘 말아서 가려야 하나? 청소함을 뒤져서 양동이를 뒤집어쓰고 나가야 하나? 별별 생각이 다 들었다. 10분, 20분 점점 시간은 흐르고, 이걸 어쩌나 싶은 순간! 변기에 빠진 줄 알았다며 매니저가 찾으러 왔다. 에휴, 지금도 그때 생각하면 아찔하기만 하다.
그렇게 위기의 순간이 지나고 한동안 잊고 있었는데, 며칠 뒤 건물청소 하시는 아주머니 말씀이 멀리서 나지막이 들려왔다. "어떤 변태가 팬티를 복도 한 바닥에 펼쳐놓은 거야~ ㅋㅋ"
내 옷들이 왜 복도에 있었는지 아직도 정말 미스터리다.

둘째 주,
자출 적응기

안라의 달인, 오빠 달려 김병만 선생

"안녕하세요. '달인을 만나다' 입니다. 오늘 이 시간에는 지난 16년 동안 그 어떤 상황에서도 안전 라이딩, 일명 안라~를 해오신 라이딩의 달인, 오빠 달려~ 김병만 선생님을 모셨습니다. 안녕하세요."

 "반갑습니다."

"지난 16년 동안, 그 어떤 상황에서도 안전 라이딩을 해오셨다고 하는데... 그게 가능한가요?"

 "가능합니다."

"정말 칭찬받으실 만한데요. 어떤 계기로 안라를 하게 되셨습니까?"

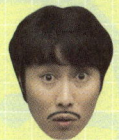 "제가 어릴 때 우리 반 친구 중에 조안나 라는 친구가 있었어요. 그 애랑 친하게 지내면서 안나, 안나 하다 안라하게 됐습니다."

"네? 뭐라고요?"

 "웃기라고 한 이야기 절대 아닙니다. 안전 라이딩 그렇게 우스운 얘기 아닙니다."

"오~, 안전 라이딩에 대한 의식이 확고하시네요? 그렇다면 달리다가 갑자기 볼일이 급하다면? 그때는 과속으로 달리겠죠?"

 "아닙니다. 휴지 딱 세 장만 있으면 온 세상이 다 너그러워집니다."

"네? 단 세 장으로 해결이 가능하십니까?"

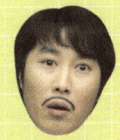 "자꾸 물어보지 마세요. 나 수줍음 많은 사람입니다."

"일단 알겠습니다. 그럼 어떤 상황에서도 안전 라이딩을 하신다고 했는데, 그럼 테스트 좀 해 볼까요? "자전거로 출근하고 있는데, 지각하게 생겼다. 그런 경우는 어떻게 하시나요?"

 "출근을 서두르다가 천당으로 가는 수가 있어요. 절대 안전속도 준수입니다."

"어떤 일이 있어도 과속은 안 하시다는 얘기군요.."

 "물론 입니다."

〈달인 과속 스캔들 속도위반 결혼 !! 결혼 3달 만에 득남〉 기사를 들고 와서,

"근데 이건 뭐죠? 과속 스캔들"

 "애가 성격이 급해서 빨리 나온 겁니다. 절대 과속한 거 아닙니다."

"나가!!"

 달인 개그의 유일한 부작용은 함부로 따라 하면 안 된다는 것이다 ^^;

자출을 시작하고 적응기에 접어들면 종종 안전사고가 일어난다. 초보시절에는 워낙 조심조심 운전하지만, 어느 정도 자신감이 생기면 방심으로 이어지기 때문이다. 그래서 자출 적응기에 접어들었을 때 가장 중요한 것이 바로 안전수칙! 이다.
이것만 지켜도 안전하게 자출할 수 있다!

안전 라이딩을 위한 조건 – 자전거 부속품

① 속도계

무사히 일주일을 보낸 당신! 본인도 모르는 사이 마구 페달을 밟고 있지는 않은가? 과속하는 자출족에게 안전이란 없다. 이때 등장하는 것이, 과속의 유혹을 잡아주는 속도계!

속도계는 자전거 바퀴에 센서용 자석을 고정하고, 휠 센서(Wheel Sensor)를

무선 속도계. 자전거가 빨라 봐야 얼마나 빠르겠어? 하지만 생각보단 훨씬 빠르니 주의!

포크(바퀴 살)에 설치하면, 자석이 센서를 지날 때마다 한 바퀴로 인식해 그 내용을 알려준다. 속도계만 있으면 현재 속도와 주행 거리뿐 아니라 총 주행 거리, 주행 시간, 최고 속도, 평균 속도 등 어지간한 정보는 다 알 수 있다. 심박 수까지 체크하는 종류도 나오지만, 가격 때문에 이미 타기도 전에 심박 수가 상승할지도 모른다.

굳이 속도계가 필요한지 의문이 들 수 있다. 물론 꼭 사용할 필요는 없다. 하지만 과속하는 사람 대부분은 본인이 얼마나 빨리 달리고 있는지

모른다는 것이 문제다. 속도계가 있다면 좀 더 절제하게 되는 것이다. 안전이란 것은 사고가 벌어진 후에 예방하는 것이 아니라 미연에 방지하는 것이기 때문이다.

매뉴얼에도 강조된 것처럼 간혹 주행 중에 속도계에 너무 신경 쓴 나머지 시야 확보를 못 해 큰 사고를 당할 수 있으니 꼭! 주의해야 한다.

속도계 종류

속도계는 유선과 무선으로 나뉜다. 유선 속도계는 케이블을 통해 데이터를 뽑아낸다. 케이블 설치라는 수고를 해야 하지만 무선보다는 저렴해서 많이들 선호한다. 무선 속도계는 케이블이 없으므로 보기에 참 깔끔하다. 그러나 비싼 것이 흠이다. 배터리를 구비해야 하고 간혹 전파의 방해로 데이터 오류도 난다. 세상에는 뭐든 좋은 것이 있으면 나쁜 것이 있나 보다.

일반적으로 일본 캣아이(Cateye), 독일 시그마(Sigma), 대만 토픽(Topeak) 사의 제품이 유명하다. 싼 것은 만 원에서 10만 원대까지 다양하다. 물론 GPS 기능과 같이 부가 기능을 갖추고 있는 제품은 더 비싸다. 속도계를 고를 때는 여러 제품의 사용 후기를 읽어본 후에 본인 수준에 맞는 것으로 고른다.

② 헬멧

초보 자출족이 묻는다. "헬멧을 꼭 써야 하나요?" 그럼 나는 엄마처럼 자상하게 대답을 한다. "멋 부리다 죽는다~!"

헬멧은 액세서리에 넣는 것이 미안할 정도로 필수 장비다. 사고는 나만 주의할 문제가 아니라 언제, 어디서, 어떻게 일어날지 모르기 때문에 항상 조심하고 대비해야 한다. 야생이나 다를 바 없는 도로에서 자동차, 보행자, 자전거, 돌발상황 등 여러 위험요소로부터 자신을 보호하기 위해서는 꼭 헬멧을 쓰는 것을 추천, 아니 경고한다.

헬멧 쓴 내 모습, 지구용사 벡터맨 같지 않은가?

달인의 TIP

헬멧 고르는 요령

도로교통법 개정으로 2010년 6월부터 자전거를 타는 어린이들은 헬멧을 반드시 착용해야 한다. 꼭 기억해야 한다!

1. 헬멧은 모름지기 머리에 딱 맞아야 한다. 사람의 머리 모양과 크기는 다양하므로 인터넷 구매보다는 매장에서 직접 써보고 고를 것을 권한다.
2. 디자인도 중요하지만 무게와 색깔을 먼저 따져봐야 한다. 헬멧의 기본은 가볍고 편해야 하고 멀리서도 눈에 띄는 색깔이어야 한다. 이 조건이 충족된 후에 디자인을 본다.
3. 가격과 디자인보다 안전 인증마크를 먼저 확인하라. 안전을 위해 쓰는 것이니만큼 안전이 제일이다. 참고로 한번 충격을 받은 헬멧은 본전을 따지지 말고 과감히 버려라. 충격을 받은 헬멧은 다음 번에는 무용지물인 일회용품이다.

③ 장갑

자전거를 탈 때, 쉴새 없이 움직이는 다리만큼 손의 역할도 크다. 이런 손을 위해 장갑 하나 정도는 사줘야 한다. 의외로 장갑의 역할은 크다. 넘어졌을 때 손바닥을 보호하고 땀으로 손이 미끄러지는 것을 방지함은 물론, 물집이 잡히지 않게 끔 한다. 추운 날에는 장갑만큼 손을 보호해주는 것도 없다. 장갑을 고를 때는 손바닥 면이 너무 두껍지 않아야 핸들을 잡을 때 미끄러지지 않는다. 장갑도 가급적이면 매장에 가서 한번 착용해보고 고르는 것이 좋다.

여름용 반 장갑과 겨울용 긴 장갑

④ 자물쇠

세상은 돌고 도는 것. 자전거에 대한 관심만큼 자출족이 늘고, 자출족이 많아지면서 자전거 도둑도 함께 늘었다. 이제 자물쇠는 필수품이다.

자물쇠는 얼마나 튼튼한지가 기본이다. 사전에 사용 후기 등을 살펴보고 구매하는 것도 좋다. 자전

전국의 자전거 도둑들아~ 제발 개념탑재 좀 하자. 그래서 살림살이 나아졌니?

거 도둑의 지능이 나날이 높아지는 시점에서 플라스틱 재질로 된 자물쇠는 대놓고 자전거를 기부하는 모양새가 될 수 있다. 개인적으로 자전거 도둑은 삼대가 자전거만 타면 울렁거리는 저주에 걸렸음 좋겠다!

- 올바른 자전거 자물쇠 사용법
  - 올바른 예 : 기둥에 묶는 것뿐만 아니라 바퀴까지 묶으면 더욱 안전하다. 자전거 도둑은 자물쇠를 여는데 시간이 걸리면 대부분 포기하기 때문이다.
  - 잘못된 예 : 도로 옆 기둥에 자전거를 자물쇠로 묶어 두면 "나 그냥 가져가세요." 하는 것과 똑같다.

달인의 TIP

추천 자물쇠

가격 대 성능 비로 인정받고 있는 자물쇠는 L사의 4관절락.
요즘 자전거 도둑은 주로 쇠톱, 절단기, 산소용접기로 작업(?)하는데, L사의 4관절락은 쇠톱에는 끄떡없고 절단기에도 비교적 안 잘리는 것으로 유명하다. 산소용접기에는 조금 약한 모습을 보이는데 그래도 끊으려면 시간이 꽤 걸린다. 그라인더에도 잘린다지만 그것까지 갖고 다닐 정성의 도둑이면 거의 생계형 '꾼'이므로 백방이 무효할 것이다.

4관절락은 S, M, L 이렇게 세 가지 사이즈가 있는데 일반적으로 M 사이즈를 많이 쓴다. 처음 사면 열쇠를 3개 주는데, 더 필요한 경우 시리얼 넘버를 대만 본사로 보내야 하는 수고스런 작업이 필요하다. 혹시 열쇠를 잃어버리면 그냥 하나 새로 사는 것이 편하다. 가격은 평균 약 18,000~30,000원 선.

이런 걸 절단하는 님(?)들은 정녕 '어둠의 달인'일 것이다

⑤ 앞/뒤 경고등 (전조등 & 후미등)

우리나라 도로는 생각보다 가로등이 부족하다. 이른 아침과 늦은 저녁에 출퇴근해야 하는 자출족에게 앞 경고등(전조등)은 빛과 소금이 아닐까. 최근에는 파워 LED 라이트처럼 가격과 성능 모두 만족하게 하는 제품도 나와서 자출족의 길을 밝혀주고 있다. 단, 너무 밝은 라이트는 마주 오는 자출족에게 실례가 되기 때문에 빛을 아래로 향하게 하는 에티켓은 기본. 뒤 경고등(후미등)은 손자, 손녀 재롱까지 다 보고 싶은 사람이라면 반드시 달 것을 권한다. 안전과 직결되는 것이므로, 멀리서도 자신의 존재를 알릴 수 있도록 5구 이상의 LED 등을 사는 것이 좋다.

앞/뒤 경고등, 뒤 경고등은 사진과 같이 안장가방에도 부착할 수 있다

전조등 & 후미등 고르는 요령

1. 경고등의 건전지/충전지의 사이즈와 종류를 확인하라. 가능하면 언제 어디서든 쉽게 구할 수 있는 종류를 산다.

2. 방수 여부를 확인하라. 맑은 날만 타더라도 소나기라는 불상사가 있으므로 만약의 경우를 대비하는 것이 좋다.

3. 내 자전거에 장착할 수 있는지 확인하라. 자전거마다 사양이 달라서 행여라도 새로 산 경고등이 무용지물이 될 수 있다.

⑥ 물통 & 물통 케이지

물은 물이고 물통도 물통이다. 하지만 라이딩에 있어서 물통은 그냥 물통이 아니다. 자전거를 타다 보면 생각보다 목이 마르다. 그렇다고 그냥 PET병에 든 물을 마신다? 오, 노~! 달리면서 PET병에 든 물을 마시는 건, 자동차 운전을 하면서 휴대전화를 거는 것 만큼 위험하다. 또 자전거를 타다가 넘어지면 상처를 씻어내는 중요한 역할도 담당한다. 이렇게 물통의 역할은 중요하다.

라이딩용 물통, 마시는 방법은
아기 젖병 빠는 모습을 상상하시도록

물통을 장착할 수 있는 케이지,
참고로 미국배우 '니콜라스 케이지'와는
전혀 관계없다

라이딩 중 수분섭취는 굉장히 중요하다.
잘못하면 탈수현상이 일어날 수 있기 때문.
내 몸은 소중하니까!

이쯤 되면, 바늘 가는 데 실 간다는 옛말처럼 물통 케이지(Cage, 장착대) 역시 필수 액세서리 라는 것을 눈치챘을 것이다. 물통 케이지는 본인의 자전거에 장착할 수 있는지 확인하는 것이 중요하다. 케이지의 소재는 스틸, 알루미늄, 카본 등 여러 가지가 있다.

물통 고르는 요령

1. 라이딩 도중에도 물을 마셔야 하므로, 치아로 모든 게 가능한 형태 즉, 뚜껑을 당기면 열리고 누르면 닫히는 것이 좋다.

2. 우리나라의 사계절 특징에 맞게 보온, 보냉 되는 것이 좋다. 여름에는 차가운 물을(가급적 미지근한 물), 겨울에는 뜨거운 물을 기호대로 마시고 싶다면 기능성이 강조된 물통(보온/보냉)을 골라야 한다.

다혈질인 당신, 비싼 물통 사지 마라

자출을 하다 보면 이것저것 액세서리 욕심에 많아지게 된다.
내 자출 친구 중 하나는 물통만큼은 싼 것을 선호한다. 도로에서 자동차와 시비가 붙었을 때 나름의 저항(?) 수단으로 물통을 집어던지기 때문이란다. 얼굴이 알려진 나로선 솔.까.말.(솔직히 까놓고 말해서) 부럽기까지 하다.

사실 나도 끝까지 쫓아가 항의하고 싶은 운전자를 많이 봤다. 경적 정도만 울려대면 분하지도 않는다. 생명의 위협을 느낄 정도로 밀어붙이고 위협하는 자동차, 꽤 된다. 괜한 시비가 붙어 봤자, 특히 늘 웃음을 줘야 하는 개그맨에게는 더욱 손해이기 때문에 꾸~욱 참는다.

물론 나도 자동차를 운전할 때 앞에서 시야를 가리는 자전거들이 못마땅할 때도 있다. 그러나 어느 누가 위험한 자동차 도로에서 자전거를 타고 싶겠는가? 자전거 전용도로가 잘 갖춰지는 그날까지, 도로를 나눠 쓰는 넓은 아량을 베풀어 주길 바란다.

뭐, 이 꼴 저 꼴 눈치 보기 싫고 자동차와 신경전 벌이기 싫다면 한참을 돌아가도 자전거 전용도로만 이용하는 방법도 있다. 웬만하면 이면 도로보다는 자전거 전용도로가 나도 좋다. 일반 도로면 훨씬 빨리 갈 수 있지만, 맘 편한 것이 최고다. 몸이 고되더라도 자전거 전용도로로 돌아가는 것이 상책 일 때도 있다.

⑦ 속도계 + 심박계 + GPS

안전 라이딩을 위해 속도, 심박동, 길 찾기까지 한꺼번에 체크해 준다면? 이런 기능이 모두 포함된 제품이 많이 나온다. 살짝 비싸긴 하지만.

사람은 결과물을 확인하려는 습성을 갖고 있다. 속도는 안전 라이딩의 필수 조건이고 심박계는 현재 심박수, 최고 심박 수, 운동량, 칼로리 소모량을 알려주는 동시에 운동강도를 측정해 준다. 가끔 뉴스에 마라톤을 하던 중년 남성이 심장마비를 일으켜 사망했다는 소식이 나오는데, 자전거 라이딩도 마찬가지다. 본인의 건강과 체력에 맞는 건강하고 안전한 라이더로 거듭나기 위해서는 꼭 필요하다.

한편 GPS는 길 안내, 현재 위치 파악, 주행 기록 등 최근 그 기능과 중요성이 부각되고 있다. 자전거용 내비게이션도 출시 됐지만 아직은 출발 단계다. 그래서 인지 자전거 여행족들은 내비게이션 보다 지도 기능이 있는 GPS를 더 선호한다.

최근에는 스마트폰을 GPS는 물론 속도계로 활용한다. 스마트폰의 진화 덕분에 심박계 기능 추가, 소요 시간 및 경로 확인, 구글 지도와의 연동 등 다양한 기능이 가능하니 스마트폰 유저는 굳이 속도계, 심박계, GPS를 따로 안 사도 된다.

심박계, 두 개가 한 세트이다

⑧ 스마트폰과 자전거가 만났을 때
- 쓸만한 스마트폰 자출 어플

다 좋은데...참 좋은데...
요금만 좀 합리적이면 얼마나 좋을까!

요즘 웬만한 사람은 다 들고 다닌다는 스마트폰. 의외로 자출에 큰 활력소가 된다. 기계를 겁내 하시는 아저씨, 아줌마들이여, 자신있게 도전해 보시라! 신비로운 세상이 열릴 것이다.

스마트폰의 GPS 기능은 길 찾는 기능, 속도계 기능 뿐만 아니라 소비 칼로리, 이동 거리, 소요 시간, 경로 확인 등 확인하고 싶은 내용을 모두 알 수 있다. 구글 지도와도 연동되는데 대표적인 어플리케이션(전용 소프트웨어)으로는 바이크 메이트(BikeMate), 스포티팔(Sportypal) 등이 있다.

스마트폰의 인기로 최근엔 내비게이션 업체에서도 스마트폰용 내비게이션 애플리케이션에 대한 신제품 개발에 열을 쏟고 있다니, 앞으로의 자출 생활이 더욱 즐거워 질 것이다. 단! 자전거 운행 중에는 자동차 운전과 마찬가지로 휴대폰 사용을 자제해야 한다는 사실! 기억해야 한다.

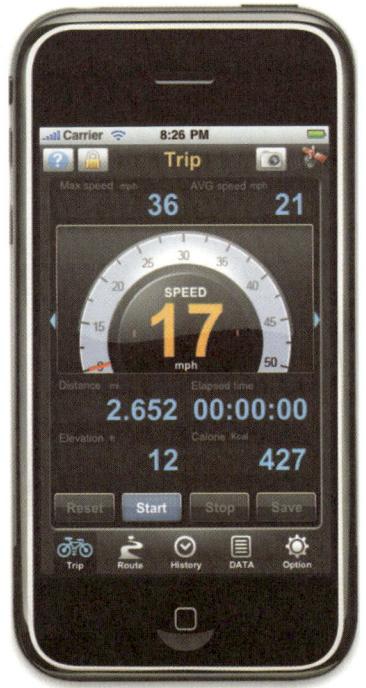

바이크 메이트 BikeMate
(OIMIA, bikemate.0Imia.com)

스포티팔 Sportypal
(CreationPal, www.sportypal.com)

⑨ 오디오 시스템

시원한 바람을 가르며 속도를 즐길 때, 귓가에 좋아하는 음악이 흐르면 그야말로 금상첨화. 그러나 귀에 이어폰을 꽂고 달리는 것은 위험천만한 말씀이다. 요즘에는 자전거에 직접 부착하는 오디오 시스템이 꽤 잘 나온다. 달리면서 음악을 들을 수 있게 해주는 기특한 녀석은 바로 자전거 전용 스피커. 물론 자전거에 장착을 할 수만 있다면 일반 미니 스피커도 가능하다.

꾸미기의 달인,
엣지 김병만의 자전거 꾸미기

개그계에서 슬슬 이름이 알려질 무렵 드디어 첫 자동차를 샀다. 평소 점찍어 두었던 차를 사려고 보니 안전을 위해 에어백이 하나 더 필요해 보였다. 에어백을 추가하니 내부시트가 가죽이면 더 폼 날 것 같았다. 선루프도 달고 싶어졌다. 결국 하나, 둘 욕심을 내다보니 계획했던 예산이 훌쩍 넘었고 배보다 배꼽이 더 커졌다.

문제는 이것이다. 자전거 장만할 때도 별반 다르지 않다. 자전거 꾸미기? 자전거로 출퇴근하는데 꾸미기가 왜 필요하겠냐 싶지만, 그렇게 얕보다가는 큰코다친다. 자전거는 여자친구보다, 남자친구보다 더 선물을 좋아하는 땀뜨 & 옴므파탈이기 때문이다. 애인이 생기면 좀 더 알고 싶어서 이것저것 물어보고 알아가는 것처럼, 나만의 애마인 자전거가 생기면 자연스레 관심이 가고 액세서리도 하나, 둘 사고 싶어진다. 그런데 자전거는 만만치 않은 녀석이다. 액세서리 종류도 많고 가격 또한 천차만별이기 때문이다. 자전거가 예쁘다고 계획 없이 구매하다 보면 결국 남는 건 수북하게 쌓인 카드 영수증뿐이다.

자전거 액세서리로 고민할 때, 필요한 건 뭐?

- 첫 번째, 인터넷을 검색한다. 그냥 컴퓨터를 켜고 인터넷에서 물어보면 다 나온다. 물론 문제도 있다. 자전거와 관련된 사이트, 광고, 댓글이

대략 99,999(?)건쯤 된다는 점! 그래도 열정이 넘치는 초반에는 몇 날 며칠을 투자해 자전거에 관련 정보를 정독하게 된다. 이렇게 투자하다 보면 부작용도 생긴다. 세상에 안 필요한 장비는 전혀~ 없어 보인다는 것. 즉 다 사고 싶어진다는 말씀이다.

- 두 번째, 주변의 자출족을 찾는다. 먼저 길을 잘 닦아놓은 선구자를 따르는 것이다. 이론을 빠삭~하게 꿰뚫고 나면 좀 더 생생한 이야기에 집중하게 되고 주변에 자출족이 없나 찾아보는 것이다. 선배들의 사용

입 안 달혀보셨어요?
안 달혀보셨으면 말을 하지 마세요~

후기를 보면서 서서히 머릿속으로 필요한 액세서리와 굳이 안 사도 될 액세서리가 정리된다. 단, 가랑비에 옷 젖듯 자전거 사면서 헉! 벌어졌던 입이 자전거 꾸미면서 영영 안 달힐 수 있다.

안전 라이딩을 위한 약속 - 근육통
통증의 달인, 엄살 김병만 선생 - 응급처치 119

자출 첫날. 아침 공기가 이리도 상쾌했던가. 번쩍번쩍 빛나는 애마를 동료에게 자랑하며 어깨가 으쓱해진다. 자출족으로서 영광스런 첫날을 보냈건만, 다음 날 훈장처럼 생긴 다리 통증!! 그만 포기하고 안락한 차 안에서 편안히 출근하자니, "처음부터 무리한다 싶었다.", "네가 그러면 그렇지. 그럴 줄 알았다." 하는 주변의 조롱과 웃음거리가 될것이 예상된다. 그렇다고 계속하자니 몸이 내 맘대로 움직여 주지 않는다. 이걸 계속해? 말아? 초보 자출족은 죽느냐 사느냐를 고민하던 햄릿보다 더 어려운 난관에 봉착한다.

그래서 준비한 통증의 달인, 엄살 김병만 선생의 특제 근육풀기 운동!

① **어깨 근육 풀어주기**

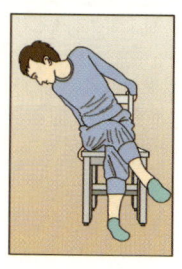

(1) 오른쪽 손으로 의자 바닥을 잡고 왼쪽 손은 의자 윗부분을 잡는다.
이 상태에서 몸을 오른쪽으로 비틀어 어깨와 턱을 오른쪽 바닥 쪽으로 잡아당긴다.
이 자세를 5초 정도 유지한다.

앗! 쥐났다. 고양이 어디 있어? 고양이...

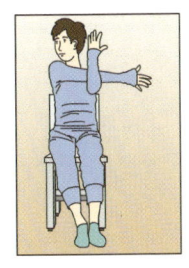

(2) 오른팔을 왼쪽으로 쫙 편다. 왼쪽 팔을 구부려 오른쪽 팔꿈치 부분과 교차시킨다.
오른쪽 어깨너머를 쳐다보면서 팔꿈치를 왼쪽 어깨 쪽으로 부드럽게 잡아당긴다.
10초 동안 스트레칭 상태를 유지하며 반대쪽으로 반복한다.

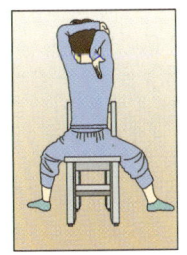

(3) 오른쪽 팔을 머리 뒤쪽으로 접어 오른쪽 귀 부분에 닿게 한다. 왼손으로 오른쪽 팔꿈치를 잡는다.
5초 동안 왼손으로 오른쪽 팔꿈치의 움직임에 저항하면서 오른쪽 팔꿈치를 왼쪽으로 움직여준다.
반대쪽도 똑같이 반복한다.

(4) 깍지를 끼어 손바닥이 바깥쪽을 향하게 해서 두 팔을 천장 쪽으로 쭉 뻗는다.
20초 동안 스트레칭 상태를 유지한다.

② 종아리 근육 풀어주기

⑴ 양 손바닥을 벽에 갖다 댄다. 왼발을 뒤로 쭉 뻗은 상태에서 오른쪽 무릎을 지그시 구부린다.

⑵ 오른쪽 다리를 직각이 되게 의자 위에 올려놓는다. 왼쪽 다리로 지탱하고 선다.
양손을 앞으로 쭉 뻗어 의자 위의 발끝을 몸쪽으로 당겨준다.

⑶ 앞을 보면서 올려진 다리 뒤쪽에 스트레칭 감을 느낄 때까지 엉덩이에서부터 앞쪽으로 몸을 구부린다.
받쳐주는 다리가 불안정하면 무릎 뒷부분에 무리가 가므로 주의한다. 반대쪽 다리도 같은 방법으로 반복한다.

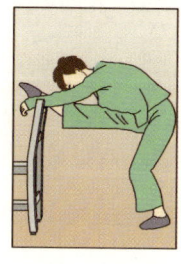

⑷ ③의 자세에서 오른쪽 다리를 살짝 구부려준다.

③ 팔 근육 풀어주기

(1) 두 팔을 앞으로 쭉 뻗어 왼손으로 오른쪽 손 끝을 잡는다.
이때 오른쪽 팔목은 손바닥이 앞쪽으로 보이게 구부려준다.
왼손으로 오른쪽 손끝을 몸 쪽으로 당겨준다. 손을 바꾸어 반대쪽으로 반복한다.

(2) 두 손바닥을 붙이고 두 팔을 머리 위로 쭉 뻗어 약간 뒤쪽으로 스트레칭 해준다.

(3) 오른쪽 손으로 머리 윗부분을 부드럽게 잡아준다.
고개는 왼쪽으로 살짝 숙인 상태에서 왼손으로 오른쪽 목 옆 부분을 주물러 준다.
손을 바꾸어 반대쪽으로 반복한다.

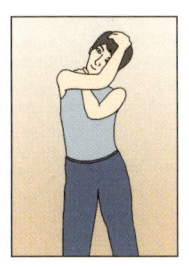

(4) 양손으로 목 뒷부분을 주물러 준다. 이때 목은 앞쪽으로 살짝 숙여준다.

④ 허벅지 근육 풀어주기

(1) 똑바로 서서 한쪽 발을 뒤로 꺾어 한 손 또는 양손으로 발등을 잡는다.
발꿈치를 엉덩이 방향으로 10~15초간 당기면서 허벅지 앞쪽이 늘어나는 느낌으로 스트레칭한다. 이때 상체를 뒤로 젖히지 않도록 주의한다.

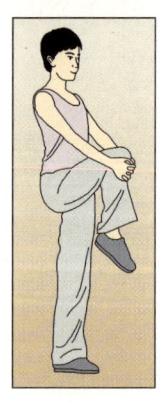

(2) 허벅지 뒤쪽이 땅길 때는 똑바로 서서 한쪽 다리를 끌어당겨 양손으로 무릎을 잡는다.
무릎을 가슴 방향으로 10~15초간 당긴다.

안전 라이딩을 위한 조건 – 회식
회식의 달인, 원샷 김병만 선생 – 자출족 회식 비법

나는 가끔 생각한다. 먹고 자는 것과 같은 인간의 본능 가운데 달리는 것도 있지 않을까?

자출족으로 무사히 일주일을 보내고 나면, 이 질주 본능이 나도 모르게 되살아난다. '역시 난 한다면 하는 놈이야!' 이런 자기만족의 대견함과 기특함을 느끼면서. (이러면서 슬쩍 자신에게 주는 선물이라며 자전거 액세서리에 눈길을 돌리는데 아직 일주일밖에 안 지났다는 점! 명심하자) 이러나 저러나 자출족으로의 결심은 백 번 칭찬받아 마땅하다. 남들보다 일찍 일어나고 또 남들 매연 뿜는 자동차에 몸을 싣고 있을 때 지구와 함께 호흡하는 수고를 마다치 않았으니.

이렇게 자부심에 자출이 탄력을 받을 즈음, 뜻밖의 불청객이 찾아온다. 바로 회식! 째깍째깍 퇴근 시간으로 돌아가는 시계를 보며 '오늘은 이쪽 길로 갈까?', '오늘도 강을 마주하고 달려야지!' 다양한 단꿈을 상사는 한 번에 날려버린다. "오늘은 회식이다, 내가 쏘는 거니까 한 명도 빠지지 말도록!" 아~ 누가 그랬던가. 직장인의 낙은 회식이라고.

자출족에게 회식은 더는 낙(樂)이 아니라 낙(落)이다. 그때부터 자출족의 머릿속은 자전거 페달을 밟듯이 바빠진다. '자전거를 어떻게 하지? 두고 갈까? 아님 그냥 끌고 갈까? 아니 아니야, 괜히 술 마시고 사고라도

지난친 음주는 라이딩은 커녕, 위와 같은 상황을 초래한다. 그런데 뭐? 녹화시간 지났다고라??

나면 낭패지. 그렇다고 하룻밤을 이 험악한 세상에서 재울 순 없는데.'

그러다가 결론을 낸다. '뭐, 한잔 정도면 괜찮겠지. 차도 아니고 음주단속 걸리겠어? 별일 없을 거야!'

그런데 아는가? 자전거도 음주단속 대상이라는 것을!

우리나라 사람만큼 흥이 많고 정 넘치는 민족이 있을까? 우리나라 라이더 가운데 3명 중 1명은 음주 라이딩을 한 적이 있다고 한다. (교통문화운동본부, 2009년 발표) 그리고 대부분의 음주 라이더는 술을 마셔도 문제없다는 이상한 자신감에 가득 차 있다. 사고는 남의 일이 아니다. 음주 라이더 10명 중 2명이 사고 경험을 했다고 하니 그 2명에 내가 속할지 누구도 알 수 없다.

외국에서는 이미 자전거 음주 단속과 관련된 법 조항이 마련된 지 오래다. 일본에서는 음주 라이딩하다 걸리면 자동차와 마찬가지로 5년 이하의 징역 또는 100만 엔(1,348만 원)이하의 벌금을 물릴 수 있다. (일본 도로교통법 제65조 제1항, 제117조의2 제1호) 사실 일본은 자전거 음주단속 외에도 자전거 관련 법규가 엄청 까다롭기로 유명하다. 조금 유난스러울 수도 있지만, 미리 예방하고 조심해서 나쁠 것은 없다.

일본만큼이나 엄격한 나라가 있었으니, 바로 독일! 독일에서는 일정 수치를 넘긴 음주 라이더에게 조금 생뚱맞게 자동차 면허를 정지하거나 취소한다. 그만큼 자전거나 자동차가 동일 선상에 있다는 것을 알 수 있다. 그 밖에도 미국, 네덜란드, 프랑스, 유럽 일부 국가에서도 음주 단속과 관련된 법규는 물론 기본법 정비가 잘 되어 있어서 안전한 라이딩에 대한 인식을 정착하고 있다.

이에 우리나라도 짧은 자전거 출근의 역사에도 음주 라이더의 안전 불감증을 막기 위해서 본격적으로 자전거 음주 단속 관련법을 마련하고 있다. 자전거 이용자의 안전도모 및 이용 활성화 법에 따르면 음주 라이딩을 법으로 금지한다고 규정한다. (2010년 6월 30일부터 시행) 아직 처벌 규정은 없지만, 만약 교통사고가 났을 때 자전거 운전자에게 과실 책임이 인정될 수 있다. 자출족이여, 음주 라이딩은 호환 마마보다 더 무서운 거란 것을 밑줄 긋고 명심해야 할지니!

안전 라이딩을 위한 조건 - 안전 법규

새롭게 개정된 자전거 이용 관련 규정은 다음과 같다. (2010년 6월 30일부터 시행)

1) 어린이, 노인 등이 운전하는 자전거의 보도통행 허용

   교통사고에 취약한 어린이(13세 미만), 노인(65세 이상), 신체장애인은 자전거를 타고 보도를 통행할 수 있다. 다만, 차도 쪽 또는 안전표지로 지정된 곳을 서행하거나 필요 시 일시 정지하는 등 보행자의 안전에 유의해야 한다.

2) 어린이 자전거 승차 중 안전모 착용 의무화

   어린이가 자전거를 탈 때에는 반드시 안전모를 착용해야 한다. 어른이 자전거에 어린이를 태우고 운행할 때도 안전모를 착용해야 한다.

3) 자전거의 도로 횡단방법

   자전거 운전자는 자전거용 횡단보도가 설치된 곳을 이용해야 한다. 자동차 운전자는 횡단보도나 정지선 앞에서 일시 정지해 자전거 운전자를 보호한다. 한편 일반 횡단보도를 이용할 경우, 반드시 자전

거에서 내려 자전거를 끌고 보행해야 한다. 이 경우 자전거 운전자
도 보행자로 인정된다.

4) 최고속도에 의한 차마 간 통행 우선순위 폐지

종전 도로교통법은 속도에 따라 통행 우선순위를 긴급자동차 〉 자
동차 〉 원동기장치자전거 〉 자전거 순으로 규정했다. 뒷순위인 자
전거는 앞순위 차가 뒤에서 따라오면 우측 가장자리로 피해 진로를
양보해야 한다는 의미다. 이를 근거로 자전거 운전자는 자동차 등
으로부터 진로 방해 또는 위협을 받는 등 정상적인 운행이 어려웠
다. 그러나 개정 도로교통법은 자동차 위주 교통정책의 산물인 최고
속도에 따른 차마 간 통행 우선순위를 폐지했다. 따라서 자전거를
포함한 모든 교통 주체가 안전하고 편하게 도로를 운행할 수 있다.

5) 자전거의 교차로 좌회전방식 개선(2단계 좌회전, 일명 Hook-Turn)

일반적으로 교차로에서 좌회전할 때는, 미리 중앙선 부근으로 이동
해 교차로 중심 안쪽을 이용해서 좌회전한다. 운행속도가 느리고
도로 우측 가장자리를 통행하는 자전거가 좌회전하기 위해서는 여
러 차로를 거쳐 중앙선 쪽으로 이동해야 하므로, 빠른 자동차와의
충돌위험이 매우 컸다. 개정 도로교통법에서 자전거 운전자는 진행
방향의 직진신호에 따라 도로 우측 가장자리에서 2단계로 좌회전하
도록 했다. 이 경우 우회전하는 자동차와 정지 또는 직진하는 자전
거와의 충돌을 방지하기 위해 우회전하는 차의 운전자는 신호에 따

라 교차로에서 일시 정지하거나 운행하는 자전거에 유의해야 한다.

6) 자전거의 앞차 우측 앞지르기 허용

일반적으로 앞지르기는 앞차의 왼쪽으로 해야 하지만, 속도가 느리고 도로 우측 가장자리를 통행하는 자전거가 정지한 앞차의 왼쪽으로 앞지르기하는 경우, 왼쪽 차로에서 빠른 속도로 진행하는 자동차와의 충돌위험이 크다. 이에 따라, 자전거는 서행하거나 정지해 있는 앞차의 오른쪽으로 앞지르기할 수 있도록 하되, 앞차에서 승하차하는 사람의 안전에 유의해 서행하도록 한다.

7) 자전거, 길 가장자리 구역 통행 허용

자전거는 전용도로가 없으면 기본적으로 차도를 이용한다. 그러나 지방도로나 지역 간선도로 등은 자동차의 통행속도가 빨라 위험률이 크다. 이에 따라 안전표지로 자전거 통행을 금지한 구간을 제외하고 자전거는 도로의 '길 가장자리 구역'을 통행할 수 있도록 했다. 다만, 자전거 운전자는 가장자리를 통행하는 보행자의 통행에 방해되면 서행하거나 일시 정지해야 한다.

8) 2대 이상 자전거 병진 금지

자전거가 2대 이상 나란히 병진하는 경우, 상대적으로 속도가 빠른 자동차의 통행을 방해해 통행속도를 감소시킨다. 따라서 여러 대가 함께 운행할 때는 일렬로 운행한다. 다만, 도로의 폭이 충분히 넓어 안전표지를 통해 병진을 허용한 구간에서는 가능하다.

9) 위험하게 개조된 자전거 운전 금지

자전거는 자동차 등과 달리 개조가 쉽다. 보행자에게 위해를 주거나 다른 자전거나 차량의 운행을 방해할 가능성이 있는 자전거는 운전이 금지된다. 그 기준은 앞으로 동법 시행규칙에서 정할 예정이다.

안전을 위해 이것만은 제발 참아 주세요 ①

좀비를 아십니까?
자전거를 타다 보면 좀비들이 가끔 보인다. 살아 있는 시체가 아니라, 자전거 전용 도로를 지그재그로 멋대로 왔다 갔다 하는 초보 라이더들을 두고 하는 말이다. 좀비들이 갑자기 여기저기 막 튀어나오는 모습과 비슷해서 생긴 별명인데, 정말 위험천만한 라이딩이다. 자전거 전용 도로에도 엄연히 노란 중앙차선이 있다. 일반 자동차 도로에서 그렇게 운전했다간 바로 경찰 출동이다. 제발 좀비는 이제 그만~

안전을 위해 이것만은 제발 참아 주세요 ②

전조등은 안 켤 거면 밤에 나오지나 말든가.
만약 2차선 도로에서 운전하고 있는데 반대편에서 전조등을 켜지 않은 자동차가 갑자기 나타난다면, 등골이 오싹해진다. 자전거 전용도로에서도 마찬가지다. 왜 전조등을 켜지 않고 마구 질주하는가. 무슨 배짱으로. 사고는 정말 한순간이다. 자칫하면 정면충돌 대형사고로 이어질 수 있다는 것, 초보 라이더는 잊지 말도록!

달인? 인간 김병만! - 있을 때 잘해

띠리링~ 전화벨이 울린다. "너... 괜찮아?"
전화통에 불이 났다. '달인 김병만, 건강에 적신호'. 모 방송 프로그램에서 건강검진 결과가 안 좋게 나온 것이 기사화된 것을 가족, 친구들이 본 것이다. 평소에 자전거는 물론이고 각종 무술로 단련된 몸이라며 건강을 자신했는데, 달인 체면이 말이 아니었다.
사실 그동안 다치기도 많이 다쳤다. 20살 때 막노동을 하다가 4층에서 떨어져 두개골에 금 간 적도 있고, 달인 연습과정 중 부상을 입기도 했다. 영화 '서유기 리턴즈'를 촬영하면서도 크게 부상을 입었지만 일정에 쫓겨 제대로 치료를 못 했다. 잦은 부상이 쌓이고 바쁘다고 불규칙해진 식사와 생활 때문에 몸 상태가 말이 아니었던 모양이다.
자전거 관리도 마찬가지다. 평소에 잘 닦아주고, 어디 고장이 났는지 녹슨 데는 없는지 살펴봐야 한다. 그러면서 초보자는 자전거 구조를 익혀가기도 한다. 건강도, 애인도, 자전거도! 있을 때 잘하자.

셋째 주,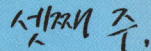

자출 정착기

자전거 정비의 달인, 맥가이버 김병만 선생

"안녕하세요. 달인을 만나다 입니다. 오늘 이 시간에는 지난 16년 동안 단 한 번도 펑크를 내 보신 적이 없는 자전거 정비의 달인, 맥가이버 김병만 선생님을 모셨습니다. 선생님, 안녕하세요."

 "반갑습니다."

"지난 16년 동안 모든 자전거의 고장을 고쳐오셨다고 하는데, 사실인가요?"

 "네. 그렇습니다."

"정말 대단하신데요? 언제부터 자전거를 수리하게 되신 건가요?"

"벌써 한참 전 이야기입니다. 제가 영화를 참 좋아하는데, 왜... 그 있잖아요? 한석규씨랑 김윤진씨가 주인공으로 나왔던 영화. 쉬리! 제가 그 영화를 보고, 그때부터 자전거를 수리하게 됐습니다."

"뭐라고요? 이상한데… 뭐 일단 알겠습니다. 그럼 달인께서는 어떻게 정비를 하시나요?"

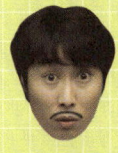
"뭐, 저는 그냥 딱 보면 견적이 바로 나옵니다."

달인 진행자를 쭉~ 위아래로 보며,

"자, 딱 보니까 견적 3천 나오네… 지방 흡입에, 코 좀 세우고… 쌍꺼풀은 뭐 서비스로 하고."

"네? 이 사람이."

"허허. 알았어요. 2천에 디스카운트해 보죠."

"참 내. 아무튼 그럼 단 한 번도 펑크를 내신적이 없다고 하는데, 그 비결이 뭔가요?"

"특별한 비결이랄 것이 있겠습니까?
워낙 꼼꼼하고 철두철미 하니깐, 내 사전에 펑크란 없어요."

이때 따르릉 울리는 전화벨, 전화받는 달인…

"여보세요 달인 김병만입니다."

"김병만씨! 도대체 어떻게 된 거예요?!
아직도 안 오시면 어떻게 해요? 펑크잖아요!!"

황급히 전화 끊는 달인.

"스케쥴 펑크 냈냐?" MC

"스케쥴은 펑크가 아니라, 빵꾸 아닙니까?"

"나가!!" MC

"실제로 저, 그렇게 쉽게 '펑크' 내는… 그런 쉬운 남자 아닙니다!"

프로 자출족이 되기 위한 조건 – 자전거 정비

① 타이어 체크

"자전거는 탄다. 그러나 자전거는 모른다."

대부분의 자출족은 자전거는 타지만 정작 자전거에 대해서는 잘 알지 못한다. 눈이 오려나, 비가 오려나, 행여 누가 업어갈까 애지중지 아끼는 자전거. 이 정도 노력을 기울였으면 불로초를 먹인 것처럼 천년만년 튼튼하게 있

타이어 체크는 자전거 정비의 기본. 사진은 타이어에 휴대용 펌프로 공기 주입하는 장면이다

지는 못해도 최소한 나와 함께 달리는 동안만이라도 고장 나지 말아야 할 텐데. 부모님의 기대에 절대 따라갈 수 없는 자식처럼 자전거도 자출족의 기대치에 못 미치고 언젠가는 고장 나기 마련이다. 이럴 때 나 같이 쿨~한 기계치는 조금이라도 고장 났다 싶으면 곧바로 애프터서비스 응급 행을 택한다. 정직하고 좋은 정비소를 만나면 상관없지만, 어찌 세상일이 그리 순탄할까? 전 아무것도 몰라요, 하는 순진한 얼굴로 정비소로

직행한다면 바가지 씌우는 곳을 만나 낭패 볼 수도 있다. 뭘 알아야 정비소에서 소위 '눈탱이(바가지 쓴다는 속어)'를 안 맞지 않겠는가.

프로 자출족이 되기 위해 자전거 관리는 기본이다!

- 트래드 (Thread)

트래드가 마모된 타이어의 모습

생소한 단어에 겁먹지 마라. 트래드는 바퀴에 파 놓은 무늬 부분을 말한다. 이 트래드가 닳게 되면 타이어의 성능이 떨어지는 것은 물론, 라이딩 도중에 펑크 날 위험도 커진다. 따라서 다음과 같은 증상이 나타나는지 살펴봐야 한다.

- 트래드가 마모돼서 타이어의 미끈한 부분이 지면에 닿을락 말락 한다. 혹은 이미 닿았다.
- 트래드의 끝 부분이 갈라져 있다.
- 타이어의 노화

사람이 나이 먹듯 타이어도 나이 먹는다. 다음의 증상은 타이어가 어르신이 되었다는 증상이므로 이 어르신에게 무슨 일이 생기기 전에 교체하는 것이 좋다.

- 타이어 옆면을 봤을 때, 내부의 섬유질이 보인다.
- 라이딩할 때 타이어에서 이상한 소리가 난다.

– 그 밖에 타이어 점검 사항

일반적으로 자전거의 타이어는 내부의 튜브를 교체해서 사용한다. 튜브가 오래되면 노면의 충격을 흡수해야 하는 본연의 임무를 망각하고 작은 충격에도 퍽~ 하고 펑크 나기 십상이다. 그래서 가능하면 튜브는 1년에 한 번 새것으로 교체하는 것이 좋다.

– 펑크 난 타이어를 대하는 자출족의 자세

타이어란 것이 영원불멸 존재도 아니고 언젠간 닳거나 펑크가 난다. 타이어의 노화로 교체하는 거야 딱 보고 아, 이제 안녕해야 할 때구나~ 하고 직접 갈거나 자전거 수리점에서 교체하면 된다.

문제는 펑크다. 펑크가 딱 자전거 수리점 앞에서 나면 좋으련만, 인생이 어디 그리 쉽던가. 꼭 황량한 도로, 심지어 그 많던 사람들도 죄다 사라진 타이밍에 펑크님께서 왕림하시니, 그게 문제다.

그러나 우리가 누군가? 자랑스러운 자.출.족 아닌가. 그리고 내가 누군가? 자전거 정비의 달인, 맥가이버 김병만 선생 아니던가. 그래서 준비했다! 자전거 정비의 달인, 맥~가이버 김병만 선생이 공개하는 타이어 펑크 응급처치 비법!

- 첫 번째, 튜브의 펑크 난 곳을 찾아야 한다.

  펌프를 이용해 공기를 충분히 넣어주면 어디선가 요의를 느끼게 하는 쉬~ 하는 은밀한 소리가 들릴 것이다. 이 소리가 안 들린다면? 그럴 때는 바퀴에 물을 조금씩 뿌려서 기포가 생기는 곳을 찾아라. 그것도 성에 안 차면 튜브 전체를 물에 담가도 좋다.
- 두 번째, 펑크 난 부분을 찾았다면 사포를 이용해서 그 부분을 살짝 갈아준다.
- 세 번째, 본드를 펑크 난 부분보다 약간 넓게 바르고 조금 기다린다.
- 네 번째, 펑크 난 부분에 패치를 중간에 기포가 안 생기도록 꾹~ 눌러 붙인다.
- 다섯 번째, 본드가 어느 정도 마르면 패치의 비닐을 떼고, 튜브에 공기를 충분히 넣는다.

  이때 혹시 새는 곳이 없는지 점검은 필수사항이다.

참고로 나는 조금 먼 길을 떠날 때는 여분의 튜브를 꼭 챙긴다. 펑크 패치, 소위 타이어를 때우려면 여분의 튜브, 타이어 주걱, 휴대용 펌프 등 생각보다 일이 커진다. 솔직히 어디가 펑크 났는지 찾는 것도 일이고. 그럴 때를 대비해서 여분의 튜브를 갖고 다니면 보다 간편하게 도움받을 수 있다.

② 체인

체인의 교체시기를 두고 여러 가지 말이 있다. 보통 3000~4000Km

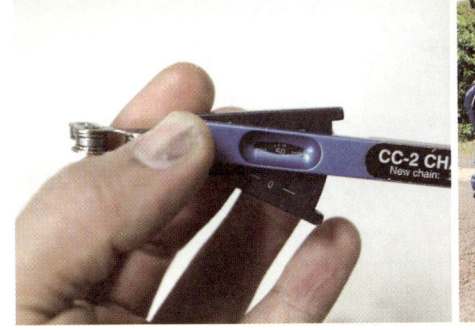
체인 체크기로 체인 사이즈를 재는 모습

자전거 부품 중 가장 까다로운 것 중 하나가 체인이다. 가끔 이탈하기도 하니 관리가 중요하다

를 타면 교체해야 한다고 하는데, 자동차도 아니고 지금까지 달린 구간을 모두 기억하기가 쉽지 않다. 더욱이 체인이란 모름지기 어떤 도로를 달렸는지, 또 어떻게 자전거를 관리했는지에 따라서 그 수명이 짧아지기도 길어지기도 한다. 그래서 말한다.

- 체인 교체시기를 체크하는 몇 가지 방법
  • 체인 체크기

체인 체크기를 이용하면 교체 여부를 손쉽게 알 수 있다. 이 방법은 주로 전문 정비하는 곳에서나 쓰니 우선 패스~

  • 체인 길이의 변화

처음 자전거를 샀을 때보다 체인의 길이가 1% 이상 늘어났다면 그 체인은 난 반댈세. 일부 꼼꼼한 자출족은 처음 자전거를 샀을 때, 체인의 길이를 기록해 둔다고 한다. 자동차 10년 타기 운동본부 같은 곳에서 권장하는 것 중의 하나가 차계부다. 차계부에 차량 유지에 대해 각종 기록을 체크해 놓으면 자동차를 고장 없이 오래 탈 수 있는데, 이와 마찬가지로 자전거계부를 만들어 놓으면 여러모로 쓸모가 많을 것이다.

• 하나를 보면 열을 안다 (체인 25개 핀 길이 측정)
앞 기어를 이용, 가장 큰 체인링으로 체인이 오도록 한다. 그리고 체인의 길이를 측정하는데, 25개 핀의 길이가 12인치면 정상이다. 그보다 더 커진 경우가 체인을 곧장 갈아야 한다는 신호다.

- 체인 교체 시, 알아 둘 사항
  • 기존 체인의 브랜드와 모델명
  • 체인의 길이 (길이 재기가 어려우면 체인의 링크 개수라도 기록해 둔다)
  • 스프라켓 개수 (일반적으로 하이브리드나 MTB 자전거의 경우, 7단~9단이다)

③ 그 밖의 이상 증상
이외에도 라이딩할 때 이상 신호가 온다면 자가정비를 할 것이 아니라 곧바로 수리점으로 직행한다.
  • 페달을 밟을 때마다 소리가 들린다. 반대로, 페달을 밟지 않아도 소리가 들린다.
  • 브레이크에서 소리가 난다.
  • 코너를 돌 때마다 닿는 소리가 난다.
  • 기어 변속 때 이상한 느낌이 난다.

– 자전거의 부위별 명칭

이쯤 되면 부위별 명칭을 알아볼 필요가 있다. 전문용어라서 머릿속에 들어오지는 않겠지만, 주요부품 같은 경우는 기억해 둘 필요가 있다. '림'에 문제가 있는데 '페달'이 문제라고 할 수는 없지 않은가! 중요한 부품만 기억해 둔다면 다른 부품은 시간이 가면서 자연스럽게 익히게 될 테니 암기과목 외우듯 할 필요는 없다.

프로 자출족이 되기 위한 조건 – 자전거 세차
자전거를 네 몸과 같이 아껴라, 세차

어울리지 않게 목욕을 자주 하던 내게, 어린 시절 할머니는 말씀하셨다. "너무 깔끔 떨면 일찍 죽는다~" 하지만 난 지금 아주 건강하지 않은가.

자전거도 그렇다. 나는 바쁜 스케줄로 여유가 없을 때도 자전거는 꼭 닦는다. 얼마나 자주 세차하느냐고 묻는다면 그때 그때 다르다. 어떤 날은 비 오고 난 뒤에 하고, 어떤 날은 오래 라이딩을 한 후에 기분전환 겸 한다. 굳이 평균을 내자면 간단한 청소와 손질은 2주에 한 번, 꼼꼼하게 물 세차까지는 두 달에 한 번 정도다.

간단한 청소와 손질은 마른걸레로 구석구석 닦아 준 다음, 기름칠하는 것이어서 실내에서도 가능하고 손쉽게 할 수 있다. 그런데 문제는 물 세차! 이쯤에서 자전거 세차의 달인, 물 뿌려~ 김병만 선생이 나설 차례. 적극 공개하는 물 세차 방법이다.

- 준비물

브러시, 걸레, 스펀지, 양동이, 세제(식기세척용), 바이크 스탠드, 체인클리너, 체인오일, 디그리서 등

- 세차 순서

1. 양동이에 물을 받아놓고 세제를 풀어 거품을 낸다.

2. 스펀지나 부드러운 천으로 적셔 프레임을 닦아낸다.

3. 전체적으로 부드럽게 닦아내면서 붙어 있는 먼지나 흙을 조심스레 떼어낸다.
(디레일러 등에 쌓인 이물질들은 청소 솔을 이용해서 제거한다)

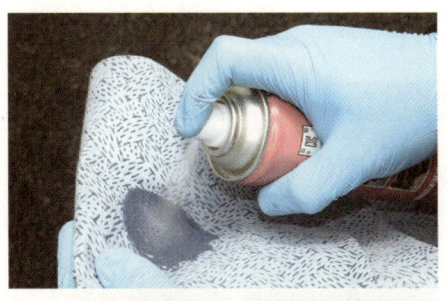

4. 헝겊에 디그리서를 분사해 충분히 젖게 만든다.
   (디그리서를 직접 체인에 분사하면 로터나 프레임에 묻을 수 있으므로 주의할 것)

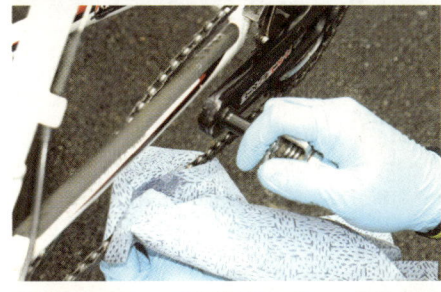

5. 체인을 천천히 돌리면서 헝겊으로 닦아낸다.

Tip. 체인 링크를 사용하면 링크를 분리, 체인을 빼내 직접 디그리서를 뿌려 청소할 수 있다.
   (물론 간단한 자전거 정비 공구는 필요하다)

6. 타이어는 솔로 문질러 흙이나 이물질을 닦아낸다.

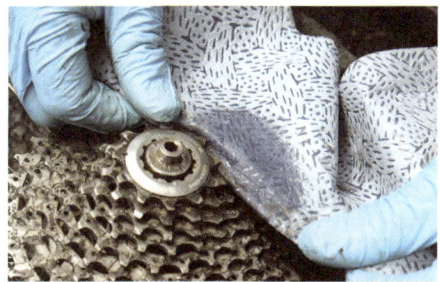

7. 스프라캣을 청소할 때는 청소 솔을 이용해서 이물질을 제거한 후, 디그리서를 뿌린 헝겊으로 사이사이 깨끗이 닦아낸다.

8. 전체적으로 깨끗한 물로 씻어낸 후 뽀송뽀송하게 말린다.

9. 물기가 다 마른 체인 등에는 반드시 오일을 발라 준다.

10. 자전거 세차 끝!
    세차는 자주는 아니지만 오랜 시간 라이딩한 후나, 방치를 하고 난 후에는 필히. 또는 일정 간격을 두고 주기적으로 해주는 것이 자전거 수명연장에 필수적이다. 특히 값비싼 자전거나 정이 많이 든 자전거를 오래 타고자 한다면 '내 애인처럼!' 생각해주는 센스가 절대적으로 필요하다.

달인의 TIP

자전거 세차, 이런 건 달인에게 물어봐 Q&A

Q. 체인이 너무 더러울 때는 어떻게 하나요?
A. 아주 간단합니다. 체인은 체인 청소용 전문 툴이 따로 있습니다. 이것만 쓰면 간단하게 체인을 청소할 수 있습니다. 성에 안 찬다 싶은 분들에게는 또 다른 방법이 있습니다. 체인을 빼서 등유가 담긴 병에 4~5시간 정도 담가두면 아주 깨끗해집니다. 그런데 또 너무 깔끔 떤다고 자주 체인을 분리하면 체인이 약해진다는 거~ 까먹으면 아주 큰 일 납니다.

Q. 산을 타는 걸 좋아하는데, 그러고 나면 꼭 케이블 집에 진흙과 먼지가 껴서 케이블의 움직임이 빡빡해집니다. 케이블은 어떻게 청소해야 하나요?
A. 케이블 청소 절대 어렵지 않습니다. 먼저, 케이블 고정나사를 풀어줍니다. 그 다음에 케이블 끝에 있는 마개를 빼줍니다. 그리고 케이블을 빼서 깨끗이 닦아주기만 하면 됩니다. 이거 아무나 안 알려주는 건데 말입니다. 참고로 케이블 집은 디그리서(Degreaser)를 뿌려서 안을 깨끗이 청소해 주면 됩니다.

Q. 아파트에 살아서 자전거 세차를 도통 어디서 해야 할지, 엄두가 안 납니다. 비법 좀 전수해 주세요.

A. 다들 집에 100평 되는 마당 딸려 있잖아요. 왜들 그러세요. 다들 아파트 사시는 분처럼. 아파트는 집 아니잖아요. 그냥 자전거 세차하는 작업장이잖아요.(농담^^)

아파트에 산다고 자전거 세차 겁내 하시는 분이 많은데, 아주 쉽습니다. 아파트에 보면 공터들 있잖아요. 거기서 양동이 두 개만 있으면 손쉽게 할 수 있습니다. 그게 여의치 않으며 베란다 있지 않습니까! 거기서 하면 됩니다. 자전거 좋은 게 뭐겠습니까. 주차공간 작고 세차공간 적게 들고! 단, 바닥이 기름 범벅이 될 수 있으니까, 꼭 신문지 깔고 하세요. 안 그러면 엄마한테 혼납니다.

프로 자출족이 되기 위한 조건 – 계절별 관리

자전거는 생각보다 꽤 예민한 물건이다. 조금만 관리가 소홀해도 금세 녹슬고 고장 나기 일쑤다. 프로는 자전거 관리도 평소 미리미리 한다. 프로 자출족이 되기 위한 자전거 관리의 달인, 허술 김병만 선생께서 그 비법을 공개한다.

① **여름철 자전거 관리법**
– 비 맞은 자전거는 물 세차 해 준다
우리나라처럼 여름에 비가 많이 내리는 기후에서는 여름철 라이딩이 만만치 않다. 비쯤이야 마르면 그만이라고 간단히 생각하면 안 된다. 자전거에 있어서 비는 노화와 고장의 주요 원인이라는 사실!

– 물 세차 후에는 뽀송뽀송하게 말려주고 주요 부위에 기름칠해 준다
여기서 주요 요소란 체인, 스틸 프레임, 시트포스트(여긴 그리스), 스템(여기도 그리스), 뒷변속기, 클립리스 페달의 스프링 부위 등을 말한다. 장마철 습기가 많을 때는 습식오일을 사용하면 물에 의해 윤활오일이 덜 씻겨나가게 해 준다.

- 자전거! 태양을 피하는 방법

사람도 직사광선을 쐬면 힘든데, 자전거도 직사광선 앞에서 맥을 못추는 것은 마찬가지다. 특히 여름의 뜨거운 열기는 타이어 표면에 치명적이다. 그렇다고 타이어 표면에 썬크림을 바를 수도 없고, 게다가 여름철의 열기는 타이어 내부의 공기압을 높여 심한 경우에는 펑크를 유발하기도 한다. 그러므로 반드시 직사광선이 들지 않는 곳에 보관하는 것이 좋다. 그냥 무조건 피하고 보는 것이 옳다는 말씀!

- 트렁크에 자전거를 싣고 다니지 마라!

갑자기 비가 와서 차 트렁크에 급하게 넣어두고 깜빡 잊어 일주일 정도 됐다면 자전거에는 치명타를 입혔다고 볼 수 있다. 뉴스에서 종종 여름철 차 안에 라이터를 두면 내부 온기가 직사광선에 의해 높아지면서 폭발했다는 뉴스를 접했을 것이다. 그렇다. 여름철 햇빛에 노출된 차 안의 내부온도는 80도를 웃돈다. 그런 용광로 같은 곳에 자전거를 둔다고 생각해 보라. 상식적으로도 절대 안 될 일이다. 특히, 뜨거운 열에 노출되면 샥(서스펜션) 부분은 치명타를 입는다.

- 기름칠을 게을리하지 않는다

더운 날씨에는 수분이 빨리 증발한다. 그래서 전용오일을 이용해 체인을 관리해 주는 것이 좋다. 장마철이 아니라면 습식오일보다는 건식오일을 권한다. 습식오일은 먼지가 많이 묻어 체인의 성능을 오히려 저하시킬 수 있기 때문이다. 반면, 건식오일은 증발이 빨라서 라이딩할 때마다 체인 청소와 기름칠을 해줘야 한다. 한번에 다 해결되면 좋으련만, 모든 일은 다 장단점이 있기 마련이다. 조금만 부지런을 떨면 사랑하는 자전거와 오래오래 백년해로할 수 있다.

② 겨울철 자전거 관리법
- 적시 적소에 윤활유를 뿌려 준다

추운 날씨에 흔히 볼 수 있는 이슬 한 방울에도 자전거는 아파할 수 있다. 윤활유를 이용해서 이슬이 맺히지 않도록 미연에 방지해 두자. 윤활유가 있어야 하는 부분은 변속 레버, 브레이크 레버, 각종 볼트, 페달, 케이블 하우징, 체인 등이다. 겨울철 보관을 위한 손질에는 휘발성이 적은 습식오일이 적당하다.

- 장기간 보관 요령

아무래도 추운 겨울에는 자출을 자제하는 일이 많다. 출장, 여행, 병가 등 사정상 자전거를 오래 보관해야 할 경우도 생길 수 있다. 집이나, 자동차나 모두 사람이 쓰지 않고 오래 방치하면 망가지기 마련이다. 한 달 후, 두 달 후 만나도 쌩쌩한 녀석을 만나고 싶다면 이것만은 지켜 주시길.

- 여기저기 달린 케이블은 자연스러운 상태가 되도록 보관한다.
- 디레일러는 다른 장애물에 부딪히지 않도록 보관한다.
- 유압 장비가 장착된 자전거는 가능한 한 똑바로 세워 오일 새는 것을 막는다.

프로 자출족이 되기 위한 조건 - 권태기 극복

첫째 주는 아무것도 모르기에 그저 달릴 수 있었다.

둘째 주는 스피드의 즐거움도 알게 되고 주변 풍경이 얼마나 아름다운 가를 알게 되었다. 게다가 이제 막 자전거에 대해 이것저것 알게 돼서 우쭐함에 들떠 있다.

그리고 셋째 주, 자꾸 비가 온다. 자전거를 타고 출근만 하려고 하면 왜 자꾸 비가 오는지. 아니면 꼭 저녁에 널어놓은 저지와 쫄바지가 안 말랐다. 심지어 어떤 경우에는 자꾸만 회식이 잡힌다. 이런 것들은 왜 한꺼번에 찾아오는지. 이런 우연을 한 단어로 정리할 수 있다. 바로 '핑계'.

하나 둘 핑계를 대다 보면 슬슬 자전거 출근이 싫증 나는 권태기가 찾아온다. 사실 비가 일주일 내내 오는 경우는 극히 드물다. 꼭 저지와 쫄바지가 아니더라도 자출할 때 입을 수 있는 옷은 많다. 회식이 있다고 자출을 못 하는 것도 아니다. 그래도 이래저래 핑계 대며 자기 합리화하고 싶어 한다. 엄밀히 보면, 누가 시켜서 자출족이 된 것도 아니고 포기한다고 벌 받는 것도 아니다. 다만, 자신과의 약속을 굳건히 지키려는 당당한 자출족이 한 명이라도 더 생겨났으면 하는 바람으로 이 권태기 극복을 말한다.

- 권태기 극복 5계명

(1) 지금까지 자전거에 투자한 금액을 떠올려라!

투자한 총액을 확인한 순간, 당신의 결정은 딱 두 가지다. 다시 자출족이 되거나 아니면 본전 포기하고 애마를 중고 사이트에 매물로 올리거나.

(2) 자출 친구를 만들어라!

동호회에 가입하든 직장 동료와 함께하든, 자출을 함께 할 친구를 만든다면 권태기 극복에 많은 도움이 된다.

(3) 몸무게 변화를 체크하라!

당장 씩스팩, 몸짱 되는 건 아니더라도 당장 2, 3kg의 체중 변화는 자출족의 90%가 느낀다.

(4) 막히는 도로를 떠올려라!

출퇴근 시간, 꽉 막혀 있는 도로. 그 사이를 시원하게 달리는 나의 자전거를 생각하면 자출, 쉽게 포기할 수 없다.

(5) 자전거를 타면서 즐길 수 있는 부수적인 취미 생활을 해라!

자전거로 즐길 수 있는 다양한 취미 생활이 의외로 많다. 자출하면서 겪은 일들을 모아 블로거 활동을 해도 좋고 디카로 아름다운 풍경을 찍으며 다녀도 좋다.

남녀 자전거 탐구생활
– 타이어에 펑크 났을 때

- 남자 편

요즘 대세는 자전거라는 동료의 얘기를 들었어요.
여자들이 자전거 타는 남자의 팔뚝과 허벅지에 반한다는 말을 듣고 두말없이 자전거를 구매했어요.
무조건 비싸고 최신형의 지전거를 산 남자는 라이딩의 메카라고 할 수 있는 서울 한강둔치로 향해요.
날씨도 좋고 기분도 좋고.
오랜만에 자전거를 탔는데 아직 실력이 녹슬지 않은 것 같아요.
녹색 지구를 위해 뭔가 큰일을 한 것 같아요.
이렇게 계속 타면 올림픽 싸이클 경기에라도 나갈 기세예요.
그때, 오 마이 갓!
맞은편에 초절정 S라인을 자랑하는 섹시녀가 나타났어요.
그녀의 자전거가 자연스럽게 내 가슴으로 굴러 들어와요.
그런데 이런 우라질네이션~
어떤 심장생이 버린 병 조각 때문에 타이어에 펑크가 났어요.

내려서 자전거를 둘러봐요.
젠장, 그런데 타이어 펑크를 어떻게 하는지 도통 모르겠어요.
그냥 자전거를 메고 집에 갈까? 생각하고 자전거를 드는 순간, 아까 그 섹시녀가 나를 쳐다보고 있어요.
젠장 맞을. 괜히 애꿎은 자전거 바퀴만 자꾸 돌려요.
섹시고 뭐고 그 섹시녀가 이젠 제발 가줬으면 좋겠어요.
이젠 뭐라도 해야 할 것 같아서 남자는 과감하게 바퀴를 떼어 봐요.
이상한 소리가 방금 자전거에서 났어요.
이럴 수가! 옆에서 누가 한마디 해요. "쯧쯧, 펌프랑 패치만 있으면 되는데."
이게 아닌가 봐요. '펌프? 패치?' 그딴 거 잘 모르겠어요.
남자는 생각해요. 역시 난 자전거보다 자동차 체질이라고 생각해요.
자동차만 있으면 세상 여자 다 꼬실 것 같은 기분이 들어요.

- 여자 편

오랜만에 텔레비전을 보니, 초절정 동안에 패셔니스타로 손꼽히는 최강희가 자전거 예찬을 해요.
여자는 거울을 보며 생각해요.
'내가 최강희보다 못한 건 뭐야?'
유일하게 빠지는 게 자전거라고 생각한 여자는 한걸음에 자전거를 사요.
물론, 18개월 할부예요.

이제 자전거를 샀으니 자전거를 타러 나갈 차례에요.
그런데 오 마이 갓! 자전거에 맞는 스포티하면서도 간지가 좔좔 흐르는 의상이 없어요.
무릎 툭~ 튀어나온 츄리닝을 입고 샤방샤방~ 나의 신상 자전거를 탈 수는 없어요.
자전거와 깔 맞춤 의상으로 머리부터 발끝까지 새로 장만해요.
편해 보이면서도 신경 안 쓴 것처럼 보이는 것이, 오늘 의상은 10점 만점에 10점이에요.
여자는 몹시 만족해하며 셀카를 한 번 찍어요.
벌써 1시간째 그러고 있어요.
셀카도 지겨워졌고 이제 본격적으로 자전거 타기에 돌입해요.
오늘 장소는 간지남들이 넘쳐나는 입구정으로 택해요.
된장녀들 사이에서 상큼하게 자전거를 타고 다니면 단연 돋보일 테니까요.
오랜만에 자전거를 타니, 바람도 시원하니 기분이 나쁘지 않아요.
오~ 11시 방향, 전방 50m 앞에 킹카 발견.
여자는 묶었던 머리를 풀어헤쳐요.
바람결에 머리가 날리니, '나나나나~'P 음료 광고에서 나왔던 오리지널 사운드트랙이 절로 귓가에 맴돌아요.
킹카와 눈이 마주쳤어요.
여자는 자신 있게 페달을 밟으면서 눈웃음을 날려요.
뿌쌰... 뿌쌰... 아뿌쌰! 갑자기 넘어져버렸어요. 이런 화장 독 올라 죽을.
분명히 내 자전거 타기 실력에는 문제가 없는데, 자전거가 이상해요.

제길. 어디가 이상한지 알 길이 없어요.
보아하니 바퀴에 펑크가 났나 봐요.
급한 마음에 바퀴를 주물렀더니, 바람이 더 빠지는 것 같아요.
여자는 일단, 도움을 청하기 위해서 주변을 둘러봐요.
아! 아까 그 킹카가 생각나요.
슈렉 2에 나온 장화 신은 고양이의 애처로운 눈빛을 보내 보아요.
저런, 킹카는 쌩~하고 자기 외제 차를 타버리고 떠나버려요.
그럼 그렇지. 여자는 이런 시베리아 한복판에서 굳이나 까먹을 이런 '뻐리리야'를 외쳐요.
결국, 여자는 기사 아저씨한테 욕을 바가지로 먹으면서 고장 난 자전거를 택시에 태우고 집으로 가요.

잠깐만요!

자전거 달인, 일본을 만나다

한류 하면 유명 배우나, 아이돌그룹이 생각나기 마련이다. 아직은 연기자나 가수들보다 개그맨들의 진출이 어려운 건 사실이다. 언어의 장벽이 가장 크기 때문이다.
하지만 달인의 몸 개그, 슬랩스틱은 세계 어디서든 통할 수 있다는 자신감으로 일본방송에 도전했다. 결과는 절반의 성공! 일본에서 가장 유명한 코미디언 중 한 명인 '시무라 켄'이 달인을 보고 인정을 했으니, 시작이 나쁘지는 않다.

이렇게 일본 진출을 위해 자주 도쿄를 왔다갔다하다히디 보니, 내 눈을 사로잡는 것 하나가 누구나 부담 없이 자전거를 타고 다닌다는 것이다. 일본의 살인적인 교통비를 생각하면 당연한 것 같기도 하지만 잘 정비된 자전거 도로, 자전거를 배려하는 교통 문화까지, 부러운 것이 한 두 가지가 아니다. 오히려 자전거가 너무 많아 보행자를 방해할 정도라고 한다. 자전거 보급률이 전체 인구의 70%에 육박한다나.

이런 일본에서 한국의 자출족이 자전거 한번 안 타보면 말이 되겠는가? 그래서 이것저것 알아본 결과, 먼저 자신의 자전거를 갖고 일본에 가서 타는 방법에는 자전거를 수하물로 가져가는 방법과 일본 자전거 대여소에서 빌려서 타는 방법이 있다는 것을 알게 됐다. 먼저 수하물에 자전거를 실으려면 자전거를 모두 분리해서 상자에 담아야 한다. 혹시 모를 사고에 대비해 보험을 들어 두는 것도 좋다. 내 몸에 딱 맞는 내 자전거를 탈 수 있다는 장점이 있지만, 자전거를 수하물에서 찾고 공항에서 나와서 다시 조립하고 이런 방법은 좀 번거로울 수 있다. 이럴 때는 일본 곳곳에 있는 자전거 대여소를 이용하는 것도 한 방법이다. 가격대는 1시간에 100엔에도 가능하다.

자전거가 준비됐다면, 본격 라이딩에 앞서 일본의 까다로운 교통 법규를 알아봐야 한다. 보통 5만엔 이하의 벌금을 물게 되어 있으니 괜한 생돈 날리지 않으려면 주의해야 한다. 우리나라도 일본처럼 까다로운 법규가 정해질 날이 올 테니 그때를 위해서라도 알아야 할 내용이다.

〈 필수 교통 법규 〉

1. 비 오는 날 우산을 쓰고 타면 안 된다. 우산에 시야가 가려 사고 날 위험이 커지기 때문이다.
   그럼 비 오는 날은 자전거를 못 타나? 그렇지 않다. 아이디어 제품의 천국 일본에는 이를 대비해서 자전거 일체형 우비를 비롯한 우산을 부착한 자전거 등 다양한 아이디어 상품들이 나와 있다.

2. 핸드폰 사용 금지! 자동차, 자전거 다 마찬가지!!

뉴욕에서는 보행자들도 핸드폰 사용을 금지하는 법을 추진할 정도로 위험하다.

3. 헤드폰 사용 금지! 시끄러운 음악 소리 때문에 주의가 흐트러지고 경적 소리 등 주변 소리를 듣지 못하기 때문이다.

4. 나란히 두 대가 서서 운행하는 것을 금지한다.

5. 반드시 라이트를 켜고 운행해야 한다.

6. 음주 라이딩은 절대 금지한다.

7. 좌회전, 우회전, 일시 정지 등의 동작 시에 수신호 하기

8. 자전거 주차는 전용 주차장에. 아무 데나 주차하면 견인해 간다.
   일본은 자전거 유료 주차장이 잘 되어 있다. 지역마다 요금에 차이는 있지만 일일 100엔 내외다. 우리나라도 이런 식의 유료자전거 주차장이 더 늘어났으면 좋겠다. 돈을 내더라도 내 소중한 자전거를 지킬 수 있다면, 그정도 투자는 얼마든지 할 자출족이 분명 많을 것이라는 확신이 든다.

넷째 주,
자전거 100% 즐기기

자전거 즐기기의 달인 엔조이 김병만 선생

4주차까지 무사히 온 당신은 이제 자전거와 절친 모드로 진입 한 것이다.

당신은 친구 만나서 뭐하고 노나? 술을 먹는 사람도 있고, 수다 떠는 사람도 있고, 가끔 여행을 가는 사람도 있다.

그렇다 !! 자전거는 친구다.

나는 매일 출근 하면서 내 친구 자전거를 만나지만, 같이 쇼핑도 다니고, 주말에 여행도 간다.

자전거와 재미나게 노는 방법이 한 4만 2천여 가지쯤 된다고 할까?

정말이냐고? 안 해봤으면 말을 하지 마세요~

자!! 지금부터~

자전거랑 신나게 놀아 보자규.

자전거로 예뻐지기

자전거는 출퇴근 용도뿐 아니라 정말 다양하게 즐길 수 있다. 운동 기구도 되고, 취미 생활도, 패션 소품으로도 쓰임새가 은근 다양하다. 그래서 출퇴근, 장보기, 산책용 외에 자전거를 다양하게 즐기는 방법을 제시해본다.

① 다이어트

자전거는 허리, 복부, 힙, 허벅지, 종아리 근육을 골고루 이용하는 전신 운동이기 때문에 걷기 운동보다 칼로리 소비가 무려 1.6배가 더 많다. 나도 자출을 시작하기 전과 후, 10kg 차이가 났다. 엉뚱하게 살 빠지는 약이라고 사 먹지 말고, 조금 부지런 떨어서 차비 굳히고 살도 빼고 이만한 재테크 방법도 없다.

- 자전거 다이어트 비법

(1) 단 한 번의 페달을 밟더라도 처음부터 끝까지 회전이 충분히 되도록 밟는다. 이렇게 페달링 하면 좀 더 큰 힘을 낼 수 있다. 요 멋진 방법은 내가 고안해 낸 것이 아니고 전설적인 사이클 선수 랜스 암스트롱의 트레이너였던 '크리스카 마이클'이 말하는 페달의 비법이라고 한다.

(2) 30분에서 1시간 정도는 꾸준히 밟는다. 지방이 연소하기까지는 최소 30분이 걸리기 때문이다. 최소 시속 20km(1분에 45~60회 정도 페달링)의 속도로 1시간 이상 자전거를 타면 약 500kcal 가까이 소비된다. 단, 체지방이 연소할 때 근육 속의 단백질도 함께 손실되기 때문에 단백질을 충분히 섭취해야 근육량을 유지할 수 있다.

(3) 초보 자출족은 처음 2~3분 동안 천천히 페달을 돌려 신체 근육과 관절을 풀어 주는 것이 좋다. 그리고 20분씩 나눠 3번에 걸쳐서 타는 것이 좋다. 출퇴근 시간에는 20분 달리고 잠시 쉬어서 스트레칭하고 다시 달리는 방법을 추천한다. 또 한 가지! 20분 페달을 밟는 동안은 같은 속도를 유지하는 것이 좋다.

(4) 준비 운동을 하면 효과가 2배!
별거 아닌 것 같은 준비운동은 근육의 원활한 움직임을 도와 몸에 무리가 가지 않도록 한다. 또 근육 속의 글리코겐이 먼저 소진되어 본격적으로 자전거를 탈 때 지방을 더 빨리 연소하게 한다.

– 자전거 다이어트의 효과를 확실히 굳히는 먹거리
• 자출 거리가 짧을 때
(1) 출발 전 – '커피, 오미자차'
커피에 들어 있는 카페인은 지구력과 최대 산소섭취량 증가에 기여한다. 추운 날씨에 마시는 커피는 체내 온도를 높여주는 효과도 있다. 너무 많이 마실 경우, 활발한 이뇨작용으로 라이딩에 큰 불편함을 줄 수 있으므로 주의. 오미자차는 지구력에 도움을 줘서 꾸준한 라이딩에 효과적이다.

(2) 도착 후 – '치즈, 건포도나 베리 류의 과일'

요즘 직장인들은 아침 식사를 거르기 일쑤다. 아마 대다수의 자출족도 크게 다르지 않을 것이다. 이럴 때 회사에 도착해서 치즈를 먹어주면 좋다. 치즈는 단백질이 풍부해 운동 중에 손상된 미세 근육을 다시 회복시켜 주는 기능을 하는 것은 물론, 칼슘도 많이 들어 있어 심장 박동에 도움을 준다. 건포도나 베리류의 과일을 먹으면 당분을 섭취하게 되어 에너지 형성에도 도움이 된다.

• 자출 거리가 멀 때

(1) 출발 전 – '감자, 고구마, 땅콩버터'

감자나 고구마는 지구력 운동에 필요한 탄수화물을 공급해 지방 산화를 원활하게 만든다. 여기에 땅콩버터는 혈당의 변동이 서서히 이뤄지기 때문에 부담 없이 먹을 수 있으며 특히 나이아신, 엽산, 비타민 E의 함유량이 많아 항산화 작용이 뛰어나다.

(2) 달리는 중 – '꿀물'

먼 길을 가다 보면 중간에 쉬면서 목도 축이고 싶다. 이럴 때 가장 효과적인 것이 바로 꿀물. 꿀에는 과당이 함유되어 있어 지방을 원활하게 분해해준다. 탄수화물을 공급해 주기도 한다. 단, 단물이라고 다 같은 단물이 아니다. 설탕이 들어간 음료수는 지방이 분해되어 에너지로 전환되는 것을 방해하기 때문에 장거리 주행 시에는 가급적 피하는 것이 좋다.

(3) 도착 후 - '탄수화물, 단백질 식품'

밥, 빵, 국수 등 탄수화물이 풍부한 식품은 중요한 에너지원이 되기 때문에 충분히 섭취하는 것이 좋다. 참치, 사태, 안심등 단백질도 빼놓지 않고 섭취해야 손상된 근육을 회복해서 피로 회복을 단축할 수 있다.

달인의 TIP

자전거 다이어트, 이런 건 달인에게 물어봐 Q & A

Q. 전 여자인데요, 자전거를 타면 살도 살이지만 다리가 두꺼워지지 않을까요?
A. 천만의 말씀, 만만의 콩떡입니다. 전문적으로 운동하는 선수들처럼 폭발적으로 힘을 사용하면 두꺼워질 수 있습니다. 하지만 자출… 그런데 혹시? 하루에 몇 시간이나 타시나요? 선수들처럼 오랜 시간 타는 거 아니면 오히려 허벅지의 체지방을 분해해서 예쁜 다리 라인을 만들어 줍니다. 30분, 1시간 자전거 타서 다 다리가 두꺼워진다면 자전거 타는 분들 모두 씨름선수 다리가 되어 있을 겁니다.

Q. 아직 결혼 못한 총각인데, 자전거 타면 전립선에 문제가 생기나요?
A. 뭐, 그런 이야기 안 들어 본 거 아닙니다. 자전거 안장과 엉덩이가 착 하고 붙어 있으니까요. 자전거가 한 번 덜컹거릴 때 고스란히 그 충격이 엉덩이와 생식기로 이어진다고 생각할 수 도 있습니다. 그런데 꼭 그렇지만도 않습니다. 라이더 패션의 꽃(?)인 쫄 바지에는 엉덩이 패드가 들어 있어 충격을 대신 흡수해 주고, 전립선이 염려되는 남성들을 위한 안장도 따로 있습니다. 참고로 여성 라이더들을 위한 S라인 안장도 나와 있답니다.

Q. 제가 무릎이 좀 부실한데, 자전거를 타도될까요?
A. 기어 비를 높게 설정해서 가볍게 하루에 10~30분씩 꾸준히 타면 오히려 무릎 통증이 줄어듭니다. 그렇다고 또 오버해서 운동하면 큰일 납니다! 혹시 허리 근력이 달려서 아프신 분들도 자전거 한 번 타 보십쇼. 다리, 골반, 허리 할 거 없이 온갖 근육들이 단련되면서 통증이 싹~ 줄어듭니다.

② 피부 관리

자전거로 출퇴근하면서 몸도 건강해지고, 날씬해지고 다 좋은데 딱 하나 놓친 것이 있으니, 바로 피부!

진정한 사람의 매력은 피부에서 나오는 법. 내가 꾸준히 자출을 하면서도 백옥(?) 같은 피부를 유지하는 비법은... 끊임없이 피부를 관리하기 때문이다. 나만이 알고 있는 비법을 과감히 공개한다.

(1) 미남은 자외선을 싫어해~- 자외선 차단제

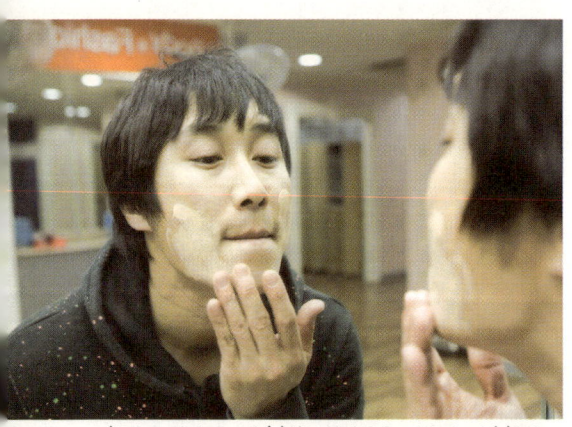
화장 그까이꺼~ 방송하는 사람들은 너무나 익숙하다. 비비크림 정도야...

라이딩할 때는 자외선 차단제가 필수다. 여름철에만 자외선 차단제를 바르고 다른 계절에는 소홀히 하는 사람들이 있는데, 그럼 안된다. 아주 큰일 난다. 특히, 봄 햇살! 기분 좋다고 마냥 쬘 거 절대 안된다. 옛말에도 봄 햇볕에는 며느리 내보내고 가을 햇볕에는 딸을 내보낸다고 하지 않던가. 그렇다고 가을에도 마냥 방심할 순 없지만. 그리고 겨울의 자외선도 절대 무시할 수 없다. 그냥 365일, 필수품이라고 생각하면 된다. 특히, 장시간 라이딩할 때는 3~4시간마다 수시로 발라 주는 게 좋다.

썬크림과 비비크림 기능이 함께 있는 화장품은 유용한 아이템이다. 장시간 자외선에 노출되었으면 집에 돌아와서 팩이나 마스크팩으로 피부를 진정시켜주는 것도 좋다. 냉장고에 굴러다니는 오이, 감자 등을 얇게 썰어 붙여주는 것도 하나의 방법이다.

(2) 바람아 멈추어다오 - 충분한 보습

자전거를 타고 달릴 때 시원한 바람이 얼굴에 닿으면 기분이 상쾌해진다. 그러나 기분이 업! 된 사이 피부는 급속도로 다운! 건조된다. 라이딩 후에는 보습제 사용량을 평소보다 1.5배 늘려주고, 눈가와 입가에는 아이크림을 발라줘야 한다. 간혹 로션의 끈적함이 싫어서 세안후에 아무것도 바르지 않는 남성분들이 있는데 정말 한방에 훅 간다.

특히, 여성 라이더는 색조 화장을 가볍게 하는 것이 좋다. 파운데이션이나 파우더를 과하게 사용하면 피부 건조가 유발되기 때문이다. 회사에 도착해서 색조화장을 마무리하는 것도 방법이라고 한다.

또, 얼굴만 피부가 아니다. 손과 발에도 보습 크림을 발라준다. 집에서 따뜻한 물에 손, 발을 불려 각질을 제거한 다음 보습제를 발라주면 더욱 효과적이다.

③ 패션 리더들을 위한 라이딩 패션

'달인' 코너를 할 때 수제자는 파란 트레이닝 복을, MC는 정장을, 나는 거의 나비넥타이에 와이셔츠를 입는다. 의상으로 각 캐릭터를 더욱 부각하는 것이다. 라이더 패션도 마찬가지! 전문 라이더 복장을 하는 것만으로도 자전거를 반쯤은 정복한 듯하다.

- 쫄바지 예찬론

프로와 초보의 구별법 중 하나가 바로 자출할 때의 복장. 프로 자출족은 져지 상의에 쫄바지 하의를, 초보 자출족은 대개 자전거 타기 불편한 옷을 입고 있어 딱 보기에도 차이가 난다. 중급쯤 넘어갈 때는 나름 신경을 쓴다고 트레이닝 복을 입기도 한다. 라이딩 복장의 3단계라고나 할까.

라이딩 패션의 기본은 일명 쫄바지(패드바지). 져지는 그렇다 쳐도 쫄바지로 넘어가는 단계, 이것이 가장 넘기 어려운 산이다. 하지만 순간의 민망함이 건강과 안전을 책임진다면 망설일 필요가 있을까?

자출족의 쫄바지는 단순한 쫄바지가 아니다. 엉덩이 패드가 들어 있어서 혹시 발생할 수 있는 엉덩이 통증을 감소시켜 준다. 5부, 7부, 9부, 10부까지 다양한 길이를 선보이며 4계절 변화에 맞는 외풍 막기와 보온 효과까지 겸비하고 있다. 라이더 패션의 기본이라고 할 수 있는 신축성은 물론이고 페달링할 때 바짓단이 기어에 말리지 않게 만들어졌다. 이쯤 되면 자출족의 쫄바지는 단순하게 옷을 뛰어넘어 자출의 기본이라고 할 수 있지 않을까.

아무리 얘기해도 쫄바지 같은 전문 라이더 복장이 부담스럽다면 아웃도어 브랜드에서 선보이고 있는 캐주얼한 바이크 웨어도 권할 만하다.

- 남성 직장인을 위한 라이더 패션

라이딩 져지를 입으면 물론 좋겠지만 생각보다 가격이 만만치 않다. 멋을 아는 도시의 차가운 남자라면 매일 같은 옷을 입기도 자존심이 허락하지 않는다.

상의는 활동이 편한 옷이라면 무엇이든 괜찮다. 단, 신축성은 있어야 한다. 양복이나 타이트한 셔츠는 혹시라도 있을 불상사에 옷이 뜯어져 눈물을 머금게 할지도 모른다. 또 하나! 땀의 흡수력을 무시하면 안된다. 상쾌하게 자전거를 타고 사무실로 출근했는데, 읍~스! 동료가 하나, 둘 피하기 시작한다면, 양손을 쭉 뻗고 고개를 45도 아래로 깊이 숙여본다. 냄새도 냄새지만 보는 사람이 민망하고 불쾌할 수 있다. 겨드랑이에 땀자국이 동그랗게 난 연예인의 굴욕 사진처럼. 그렇기에 꼭 땀의 흡수력이 좋은 옷을 추천한다. 여의치 않으면 져지 안에 얇은 면 티셔츠를 입고 회사에 가서 벗는 것도 방법의 하나다.

하의도 역시 첫째도 신축성! 둘째도 신축성! 이다. 그런 면에서 일반 트레이닝 복도 나쁘지 않다. 품이 넉넉한 정장 바지라면 그것도 괜찮다. 단, 바짓단을 고려해야 한다. 바짓단이 펄럭이면 바람도 술술 들어오고 좋을 것 같지만, 자칫 체인으로 빨려 들어갈지 모른다. 따라서 어떤 하의를 입든지 바짓단을 묶어주는 센스! 필요하다. 참고로 라이딩 전용 바짓단 묶는 밴드가 따로 나와 있으니, 굳이 노란 고무줄이나 아내나 여친, 혹은 여동생의 머리 고무줄을 빌릴 필요는 없다.

- 여성 직장인을 위한 라이더 패션

상의는 남성과 마찬가지로 신축성과 땀을 흡수할 수 있다면 그 어떤 것도 좋다. 요즘 나오는 트레이닝 복은 몸에 딱 맞게 나와서 라인을 충분히 살리면서도 활동성을 보장한다. 루즈한 니트를 적당히 활용하는 것도 멋스러우면서 편하게 자전거를 탈 수 있다.

많은 여성 자출족을 고민에 빠뜨리는 것이 바로 하의! 팬츠를 고집하는 여성이라면 크게 고민할 것 없다. 신축성이 있고 바지 폭이 좁다면 그 어떤 것도 오케이. 그런 면에서 스판 소재의 스키니 진은 트렌드와 기능성을 모두 겸비한 아이템이라고 할 수 있다. 그렇다면 스커트는 어떠한가? 아무리 패션에 욕심이 있어도 폭 좁은 정장치마는 사양이다. 정장치마로는 페달을 밟으면서 발생하는 다리의 폭을 도저히 감당할 수 없다. 그러나 스커트의 종류가 A라인, H라인만 있는 건 아니다. 플레어 스커트와 같이 넉넉한 폭의 스커트는 크게 무리 없다.

양복을 입고, 치마를 입고 자전거 타기! 두려워하지 마라.

잠깐만요!

오지랖의 달인,
좁쌀 김병만의 오지랖으로 사업하기!

나는 후배들 몇몇과 함께 엔터테인먼트 회사를 꾸려가고 있다. 엔터테인먼트 사업을 하면 돈을 엄청 벌 것으로 생각하지만, 사업 초기에는 오히려 내 개인 돈이 더 들어갔다. 그럼에도 포기할 수 없었던 것은 나를 믿고 따라주는 후배들 때문이다. 어렵고 힘들었던 긴 무명 시절, 포기하고 싶을 때 이끌어 주는 선배가 있다면 얼마나 좋을까? 생각했었다. 물론 좋은 선배도 계셨지만 말이다. 원래 타고나길 오지랖이 넓어서 그런가, 혼자 살기 위해 회사가 좀 어렵다고 사업을 접을 순 없었다.

지금은 동료 개그맨들과 함께 자전거 모임을 만들어 또 하나의 오지랖을 넓히는 중이다. 야구, 축구, 등산 등 다른 스포츠들은 동호회가 많이 활성화되어 있는데 자전거는 혼자 타는 연예인이 의외로 많다. 이런 면에서 내 태평양 같은 오지랖이 꽤 쓸모 있지 않을까?

정말 안타까운 것은 대부분의 자출족 남편들이 술 마실 때만 오지랖을 넓히고 자출이나, 라이딩은 혼자서 한다는 거다. 자, 전국의 자출하는 남편들이여~ 당신의 오지랖을 한편 넓혀봄이 어떨까. 이번 주말은 가족 모두 라이딩 한번 오케이?!

자전거 튜닝의 세계

　거리에서 멋진 자동차를 보면 고개가 저절로 돌아간다. 남들과 다른 나만의 것을 갖고 싶은 건 인간의 본성인가 보다. 자출족으로 자리를 잡게 되면 슬슬 나만의 개성 넘치는 자전거를 갖고 싶고 자전거 튜닝에도 슬슬 눈길이 가게 된다.

　자전거 튜닝의 시작은 부품 교체와 액세서리 장착에서 출발한다. 초보 자출족에게 부품 교체는 조금 어려운 과제일 수 있다. 하지만 첫 술에 배부를 수 없고, 뱁새가 황새를 쫓아가다가는 가랑이가 찢어지는 응급상황에 처할 수도 있으니 천천히 쉬운것 부터 시작하면 된다.

　부품 교체란 자전거의 부위별 부품을 용도와 취향에 맞게 교체하는 것이다. 대표적인 것이 프레임 교체이다. 능력과 재주에 따라서 프레임을 LED로 꾸미거나 대나무와 같은 희귀한 소재로 교체하기도 한다. 그 밖에 전조등이나 후미등, 혹은 앞서 말한 프레임 등에 라이트 튜닝을 하는 것도 부품 교체에 포함된다. 이때, 라이트에 들어가는 LED 모델은 P7 P4, Q5가 있는데 적은 전력으로 높은 밝기를 내는 LED이다. 또 도색 역시 부품 교체의 한 종류인데, 자전거 색상이 마음에 들지 않을 때 직접 재료를 사다가 칠하거나 벗겨진 부분을 수정할 때 사용하는 기법을 말한다.

　다음으로 액세서리 장착에는 물통 게이지, 속도계, GPS, 오디오 시스템, 안장 가방 등 라이딩 할 때 필요한 여러 가지 액세서리 튜닝을 말한다. 공구 또한 정비할 때 사용하는 중요한 요소로서 튜닝의 한 종류라고 할 수 있다.

그런데 자전거 튜닝, 무턱대고 했다가는 큰코다친다. 초보자가 함부로 일을 벌였다가는 수습 못 할 사태가 벌어질 수 있다. 자전거는 무게에 민감해서 쌩쌩 달릴 수 있는 본연의 능력을 상실할 수 있고, 무리한 구조물 변경으로 작은 충격에도 파손되기 쉬워, 사고 발생 시 라이더의 부상으로 이어질 수 있다. 최악에는 사망에 이르기도 한다.

그렇다면 어디 가서 배워야 할까? 태어날 때부터 걷는 아기가 없듯이 이제 막 걸음마를 뗀 자출족이 튜닝을 기가 막히게 잘 할 수는 없지 않은가. 안타깝게도 아직은 자전거 튜닝과 관련한 전문자료가 많지 않다. 그렇다고 아주 방법이 없는 것도 아니다. 어린 시절 할머니의 구성진 옛날이야기처럼 자전거 튜닝과 관련해서도 아주 알토란 같은 전설이 전해지고 있었으니, 바로 인터넷 카페다. 역시 먼저 자전기 튜닝의 길을 걸으신 선구자(?)분들의 생생한 체험담만큼 정확하고 도움되는 것이 있을까. 누구보다 멋진 나만의 애마를 갖고 싶은 자출족은 오늘부터 인터넷 카페와 친해지도록!

자전거 튜닝 카페들

- 자전거 튜닝 cafe.naver.com/bikemake.cafe
- 전기자전거, 엔진자전거 cafe.daum.net/motorbicycle
- 브롱코 cafe.naver.com/bitupa
- OK바이크 cafe.naver.com/bike072
- 바이크 프리마켓 cafe.naver.com/bikefreemarket

시티 라이딩

요즘 대세는 역시 자전거! 자출족이 아니더라도 도심 한복판에서 멋진 라이딩을 하며 엣지 있는 남녀로 변신할 수 있는 시티 라이딩 코스를 소개할까 한다. 다른 지역들은 다음을 기약하며 이번에 서울을 중심으로 정리해 본다.

① 부암동 – 북악산 하늘길

지방 살 때만 하더라도 서울이라고 하면 높다란 빌딩에, 콘크리트 바다, 꽉 막힌 도로만을 생각했었다. 그런데 서울에도 숨이 탁 틔고 여유를 느낄 수 있는 곳이 있다. 부암동, 그리고 북악산 하늘길이다.

북악산 하늘길은 지하철 3호선 경복궁역에서 내려서 출발을 하면 딱 좋다. 자전거 타는 즐거움만 느낄 수 있는 것이 아니라 길을 따라 경복궁 옆 통의동과 청와대 앞, 부암동의 아기자기한 풍경을 함께 즐길 수 있다. 특히, 통의동에는 개성 넘치는 미술관과 갤러리들이 많아서 관심이 없던 사람도 저절로 눈이 가게 하는 교양 넘치는 동네라 할 수 있다. 부암동의 끝자락에서 창의문에 서면 두 가지 선택 길이 있다. 뚝심 있게 계속해서 자전거를 타고 북악산 하늘길로 가든지, 아니면 오랜만에 서울 성곽 길을 걷든지. 사실 어느 쪽을 선택해도 후회될 것은 없다. 그날 그날의 기분에 따라 선택하면 그만이다.

참고로 북악산 하늘길은 자전거길이나 갓길이 따로 없어서 차가 많은 날에는 안전을 위해 천천히 이동해야 한다.

② 삼청동 카페길 - 북촌

최근 몇 년간 강북의 가장 인기 있는 동네를 꼽으라면 단연, 삼청동이다. 삼청동에는 각양각색의 카페가 즐비해 구경하는 재미가 쏠쏠하다. 단, 나날이 높아져 가는 인기 덕에 통행하는 사람들이 많으니 주의해야 한다.

많은 인파를 피해 가회동 쪽으로 넘어가면 바로 북촌한옥마을이 나온다. 사실 사람 넘치는 삼청동 카페길보다 북촌이 자전거 타고 산책하긴 더 좋다. 북촌한옥마을에는 우리 고유의 멋을 자랑하는 한옥이 나란히 늘어서 있어서 그 길을 달리다 보면, 과거로의 시간 여행을 떠난 것만 같다. 또 북촌에는 이색적인 박물관들도 있어서 감상하는 재미가 쏠쏠하다.

북촌에서 박물관을 알뜰하게 감상하는 방법이 있으니, 다섯 군데 박물관(가회 박물관, 한상수 자수 박물관, 동림 매듭 박물관, 서울 닭 문화관, 한국 불교 미술 박물관)이 연합해서 만든 통합 티켓 한 장(1만원)으로 자유롭게 이용하는 것이다.

그리고 또 하나, 초행길이라서 도저히 삼청동 카페길을 자전거와 함께 뚫을 자신이 없다면 북촌 관광안내소를 이용하는 것도 좋다. 이곳에는 단순히 관광 정보를 알려주는 것 외에 자전거를 대여해 준다. 대여소의 자전거라고 얕보면 안 된다. 이곳의 자전거는 7단 기어까지 가능한 미니벨로라는 점! 신분증과 단돈 3천 원만 있으면 오~케이!

③ 신사동 가로수길

　파리에는 마레! 뉴욕에는 소호! 그리고 서울에는 신사동 가로수길이 있다. 신사동 가로수길은 현대고등학교 맞은 편에서부터 신사동 제이타워까지 이어지는 거리로 약 1km가 조금 안 되는 그다지 길지 않은 거리다. 그러나 익히 들어본 명성에 걸맞게 양쪽을 빼곡하게 메우고 있는 카페나 레스토랑, 옷 가게들을 구경하다 보면 하루가 다 갈지도 모른다.
　이곳의 상점들은 기존의 서울 시내에서 볼 수 없었던 신기하고 진기한 상품, 인테리어를 자랑하기 때문에 구경하는 재미에 아마, 가다 서기를 반복하게 될 것이다. 트렌드의 중심지답게 유명 연예인들을 심심치 않게 볼 수 있는 장소이기도 하다.
　그뿐만 아니라 가로수 길의 매력은 유럽의 거리처럼 네온사인이 없다는 것이다. 초저녁이 되면 길 따라 쭉 늘어선 은행나무에 은은한 조명이 켜지는데 운치 있는 그 길을 달리는 기분이란 이루 말할 수 없다. 단, 가로수 길을 자전거로 달릴 때 주의해야 할 점은 좁은 2차선 도로임에도 굳이 그 곳을 자동차로 비집고 들어오는 밉상들이 있다는 것이다.

④ 압구정 로데오 거리

　신사동 가로수길이 패션의 거리로 자리매김했다면 인근에 있는 압구정거리로 말할 것 같으면 우리나라의 비버리 힐즈로, 부의 상징으로 꼽히는 거리라고 할 수 있다. 요즘 서울은 워낙 특성화된 거리가 이곳저곳 생겨나고 있어서 예전만큼의 명성은 아니지만 그래도 여전히 볼 것 많은 거리다.

압구정역에서 난타 강남극장 쪽으로 내려오면 로데오 거리 상징이라 할 수 있는 탑을 만날 수 있고 본격적으로 로데오 거리가 시작된다.

로데오 거리 역시 한 시도 눈을 뗄 수 없게 만드는 진귀한 옷 가게와 이국적인 식당들이 즐비하다. 잘만 골라가면 생각보다 비싸지 않은 가격에 즐길 수도 있다. 그러나 로데오 거리를 자출족에게 추천하는 이유는 따로 있다. 이곳에는 자출족이라면 절대 그냥 지나칠 수 없는 자전거 샵, L모 샵이 있기 때문이다. L모 샵은 선뜻 살 수 없는 럭셔리한 미니벨로와 명품 자전거 중의 명품이라 할 수 있는 몰튼의 제품을 취급하는데, 워낙 고가여서 구매는 쉽지 않지만 눈은 됐다 뭐하겠나! 아이 쇼핑만으로도 호강하는 기분이다. 자나 깨나 자전거뿐인 자출족들은 지금 당장 로데오 거리로 고고씽~

자전거를 사랑하는 스타

자전거 타는 연예인을 꼽을 때 절대 빼놓을 수 없는 연예인, 배우 최강희! 최강희는 평소에도 환경보호에 앞장서는 것으로 유명한데 특히나 웬만한 거리는 자전거를 타고 이동한다고 한다. 이런 그녀가 진정 에코 셀러브리티(Eco Celebrity)가 아닐까.

그러나 여기 또 한 명의 에코 셀러브리티가 있으니, 바로 배우 배두나! 평소 사진 찍기를 좋아하는 배두나는 자전거를 타며 사진 찍는 것이 취미라고 한다. 왠지 똑같은 자전거를 타도 배두나가 타면 화보일 것 같다. 그녀의 절친 공효진도 자전거 매니아로 손꼽힌다.

가만 보면 미녀들이 자전거를 좋아하는 것 같다. 배우 김규리(김민선)도 '자전거는 오랫동안 나와 함께할 가장 편리한 운송수단'이라고 말할 정도로 자전거를 생활화하고 있다고 한다. 그뿐만 아니라 우리나라 대표 섹시 퀸, 이효리도 가까운 거리는 늘 자전거를 이용한다고 한다.

여자 연예인만 바이크 홀릭(Bike-Holic)이 있는 것은 아니다. 남자 연예인도 이에 지지 않는다.

배우 김민준! 바이크, 인라인스케이트, 철인 3종 경기 등 모든 운동에서 두각을 보이는 김민준은 자전거에도 조예가 깊다. 우월한 기럭지로 스피드를 즐길 김민준을 생각하니, 갑자기 슬퍼진다.

나의 라이벌 김민준도 벅찬데, 멋진 해병 현빈도 '픽시' 자전거의 매력에 푹 빠졌었다고 한다. 드라마 '친구, 우리들의 전설'을 촬영하며 김민준이 현빈에게 자전거를 전도한 것이다. 까도남 현빈까지 자전거의 매력에 빠졌던 것을 보면 역시 대세는 대세다.

그리고 또 한 명의 바이크 홀릭, 엄태웅! 1박 2일의 멤버로서 예능의 바람을 일으키는 그도 평소에는 자전거 타기를 몸소 실천하며 홍보하고 다니는 것으로 유명하다고 한다. 한 가지 팁을 말하자면, 그의 잘 빠진 몸매가 다 자전거 덕이라는 얘기가...

자전거를 타는 멋진 스타를 보고 싶다면?
바로 여기로!

한때 청계산에 '전지현'과 '이효리'가 자주 나타난다고 해서 많은 남성과 연예부 기자들이 실제로 청계산으로 많이 몰려간 적이 있다.

좋아하는 스타를 만나고 싶다면 지금 자전거를 끌고 서울 한강 둔치로 나와 보라. 자전거 탄 연예인들을 가장 손쉽게 만날 수 있는 곳은 바로, 한강이기 때문이다. 최강희는 민낯으로 한강 둔치에서 자전거 타는 모습이 팬들에게 자주 포착된단다. 뭘 해도 화보 같은 류승범-공효진 커플도 한강 둔치에서 자전거 데이트를 자주 한다고 한다. 최근에는 사진작가로도 명성을 떨치고 있는 배우 배두나 또한 한강 자전거 도로에 자주 출몰한다고 하니 조금 우월한 기럭지를 자랑하면서 사진기를 들고 있는 여자가 보이면, 펜과 종이를 준비하도록.

자전거도 타고 뜻밖에 스타 연예인까지 만난다면 즐거운 라이딩의 보너스가 되지 않을까?

산악 자전거

예전엔 졸업식, 입학식, 그리고 어쩌다 시험 잘 보는 날처럼 특별한 날에는 늘 자장면을 먹었다. 달달~하면서 고소하고 향긋한 자장면과 새콤한 단무지와의 만남은 최고의 궁합. 물론 지금은 흔하디 흔하지만 말이다.

매일 같이 일상생활에 지친 자출족에게 산악 라이딩은 그때의 자장면 같은 별미가 아닐까? 많은 자출족 에게 산악 라이딩을 강추하고 싶지만, 솔직히 산악 라이딩 하나만으로도 책 한 권이 충분히 나오기에 여기선 맛보기만 살짝 얘기하는 것으로 하자.

자, 사계절마다 색다른 즐거움을 선사는 산악 라이딩의 세계로 떼굴~ 김병만 선생과 함께 떠나보자.

① 산을 달리자

산악자전거라고 해서 일반 자전거를 탈 때와 크게 다를 바 없지만, 일반 도로보다 더 힘난한 산길을 달려야 하므로 자전거 선택은 신중해야 한다. 그래서 본인에게 맞는 자전거 고르기가 중요한데 단 한 가지만 기억하면 된다. 내가 달렸을 때 편안함을 주는 자전거! 즉, 자전거에 자신을 맞추는 것이 아니라 자신의 몸에 자전거를 맞춰야 한다는 것이다. 산악 라이딩에 처음 도전하는 사람이라면 매장에서 직접 전문가의 도움을 받을 것을 추천한다. 실제로 자전거에 앉아보면서 자전거를 골라야 비교적 후회 없는 선택을 할 수 있기 때문이라는 것은 거듭 강조하는 바이다.

산악 자전거는 언제나 스릴 만점
이 맛은 도로 위에서 탈 때와는 다른
색다른 맛이다

② 산악자전거 용품

산악자전거를 산다면 함께 사야 할 목록이 있다. 이런 것까지 해야 하나? 낭비 아닌가 싶겠지만 안라(안전 라이딩)와 즐라(즐거운 라이딩)를 위해 반드시 갖추어야 할 품목들이다.

- 헬멧

자출을 하는 데도 헬멧은 필수 중의 필수다. 우리 자출족 가운데에도 이를 실천 안 하는 사람들이 분명히 있을 것이다. 왜 헬멧을 안 쓰느냐고 물으면 대부분이 "폼이 안 나요~", "귀찮아요~" 라고 답한다. 일일이 찾아가서 헬멧을 씌워 줄 수도 없고, 절대! 산악 라이딩에서는 통하지 않는 변명이다. 살고 싶은가? 그렇다면 헬멧을 써라! 헬멧을 쓸 때는 머리에 딱 맞게, 턱 조임 끈은 무조건 타이트하게 채워라!

- 헬멧 바이저

헬멧을 고르다가 보면 또 하나 눈에 들어오는 용품이 헬멧 바이저(헬멧에 장착된 햇빛 가리개)다. 산악자전거용 헬멧은 이미 헬멧 바이저가 장착된 것도 많다. 하지만 없는 경우에는 헬멧 바이저를 구매하는 것이 좋다. 헬멧 바이저는 맑은 날엔 햇빛을 가려줘 눈이 부시는 것을 막아주고 얼굴이 타는 것도 막아줘 백옥 같은 피부를 유지할 수 있게 한다. 비 오는 날에는 시야를 가리는 비를 막아줌과 동시에 같이 달리는 라이더의 바퀴에서 튀어 오르는 것들로부터 눈을 보호해 준다.

- 클립리스 페달

클립리스 페달은 사람에 따라서 더 불편하다는 의견도 있다. 그러나 클립리스 페달은 페달링을 확실히 효과적으로 할 수 있게 해 준다. 험한 길을 달릴 때 발이 페달에서 떨어지지 않게 해주고, 산악 라이딩에서 제어력과 안전성을 높여주기 때문에 사는 것이 좋다.

달인의 잔소리 한 마디! 평소 클립리스 페달은 탈부착 부위에 건조 윤활제를 발라줘 먼지와 같은 이물질이 붙지 않도록 관리해야 한다. 연결 나사 점검도 수시로 해줘야지 안 그러면 신발을 뺄 때 낭패 볼 수 있다. 클립리스 페달은 초보자가 적응하기에는 어려울 수 있으므로 산악에서의 사용은 평지 위에서 익숙해진 다음 하는 것이 좋다.

- 신발

클립리스 페달에 적합한 신발은 우선, 신발 창이 단단해야 한다. 자전거 위에서만 있을 거라는 생각은 버려라. 자전거에서 내렸을 때, 뛰거나 걷는 경우도 염두 하면서 구매해야 한다. 이왕이면 발끝에 넓은 보호대를 댄 것이 발도 보호되고 좋다. 365일 뽀송뽀송한 발을 위해서는 신발 옆면이 망으로 된 제품이나 구멍이 있는 제품을 선택하는 것이 좋다.

- 선글라스

산길을 달리는 라이더의 모습이란, 같은 남자가 봐도 가슴을 설레게 한다. 그런데 가만 보면 그들은 한결같이 선글라스를 끼고 있다. 팬 서비스 차원인가? 노~! 산악 라이딩에 있어서 선글라스 역시 중요한 준비물 가운데 하나다. 모름지기 선글라스라고 하면 멋을 떠나서 두 가지 기능을 꼭 체크해 봐야 한다. 자외선 차단과 비산방지 기능! 비산방지 기능이란 부서졌을 때 파편이 눈으로 들어가는 것을 막도록 설계가 된 제품을 말한다.

- 흙 받이

항상 맑음이면 좋으련만 하늘의 깊은 뜻을 어찌 알 수 있을까? 경우에 따라서는 비 오는 날의 라이딩을 은근히 즐기는 사람도 있을 것이다. 그런 날 필요한 것이 바로 흙 받이. 흙 받이는 자전거 프레임의 아랫부분에 있는 튜브에 쉽게 탈부착할 수 있는 플라스틱으로 앞바퀴에서 튕기는 물과 흙을 막을 수 있다.

- 보호대 & 장갑

'원숭이도 나무에서 떨어진다.' 라는 말은 산악 라이딩에 가장 적합한 속담이다. 제아무리 뛰어난 선수라고 해도 산악 라이딩에서 안 넘어진 사람은 없다. 그래서 보호대와 장갑은 필수이다. 보호대를 착용하지 않을 경우 장갑마저 없다면 부상을 피할 길이 없다. 장갑은 가급적 엄지손가락까지 끝까지 덮어주는 것을 고르는 것이 좋다. 산악 라이딩에서는 끊임없이 기어 변속을 해줘야 하는데 엄지가 벌거벗고 있다면 금방 물집이 잡히기 때문이다.

③ 산악 라이딩에 반드시 필요한 기술
- 원형 페달링

고등학교 시절에 수학 공부를 위해서 'XX의 정석' 한번 안 풀어본 사람은 없을 것이다. 그렇듯이 산악 라이딩을 위해서도 반드시 필요한 기술이 있다. 바로, 원형 페달링! 원형 페달링은 바퀴의 파동과 반동을 줄여 접지력을 증대시키고 페달링에 소요되는 힘을 여러 근육에 분산시켜 피로감을 덜어준다. 그렇다면 원형 페달링이란 도대체 어떻게 하는 것인가? 간단하다. 보통 기계적으로 페달링을 하다 보면 페달을 위, 아래 이렇게 수직으로 밟게 되는 경우가 있다. 그러나 원형 페달링은 동그라미를 그리듯이 밟는다고 생각하면 된다. 페달의 가장 높은 지점에서 아래로 밀고, 반대로 가장 낮은 지점에서 발을 뒤로 밀어 무릎을 핸들 방향으로 움직여 주면 된다. 참~ 쉽다.

- 넘어지는 법

사고는 언제 어디서 벌어질지 모르기 때문에 사고다. 사고가 있어도 대처 법이란 것이 존재하기 때문에 아직 무사한 것이다. 자전거를 타다 보면 넘어지는 것은 당연지사! 하지만 넘어질 때도 곱게 넘어지는 법이 있다. 사람은 누구나 자전거에서 넘어질 때 손부터 땅에 갖다 댄다. 그러나 이랬다가는 손이며 쇄골이 남아나지 않는다. 그렇다면 곱게 넘어지는

산악자전거에서는 페달링이 매우 중요하다

어익후~ 자빠링(자전거를 타고 넘어지는 것)이 웬 말이냐!

것은 어떻게 넘어지는 것일까? 간단하다. 몸을 공처럼 둥글게 웅크리면서 구르듯이 넘어지면 된다. 이는 무술의 낙법과도 같은 맥락이다. 오래 살고 싶은가? 그렇다면 반드시 곱게 넘어져라!

- 상황별 산악 라이딩 완전 정복

좋은 말씀을 많이 해주셨던 성철스님이 그러셨다. "산은 산이요, 물은 물이로다" 그렇다. 산은 산이고 물은 물이기에 자전거로 달리기 쉽지 않다. 산도 제각각 모양새가 다르고 물도 언제 나올지 모르니, 아마 모르긴 몰라도 처음 산악 라이딩을 나서면 '내가 왜 사서 이 고생을 하고 있지?'라는 생각이 들 수도 있다. 하지만 그런 것들을 극복하고 나서야 비로서 산악 라이딩이 즐거운 법!

설마 저것이 '비암~'은 아니겠지? 눈이 똥그래진다.

길이 험하다고 달인이 포기할 수야!

이제부터 산악 라이딩을 제대로 즐길 수 있는 상황별 라이딩 기술을 전격 공개한다!

- 예기치 못한 장애물을 만났을 때

산길을 달리면서 예기치 못한 장애물을 만났을 때는 두말할 것 없이 재빨리 발을 빼서 땅을 짚어야 한다. 이때 필요한 동작이 바로, 제자리 서기다. 제자리 서기는 돌발 상황을 잠시 멈추게 하고, 다음 대처 행동을 생각할 수 있는 시간적 여유를 만들어 준다. 평소에 제자리 서기를 연습해서 발을 땅에 대지 않고도 넘어지지 않을 수 있도록 한다. 처음에는 서 있는 것이 힘들지만, 브레이크를 잡고 바퀴를 조정해서 평형을 잡다 보면 꽤 오래도록 제자리 서기를 유지할 수 있다.

- 험한 길에서

산세가 험하면 균형 잡기가 더욱 힘들어진다. 그러면 당연히 심신이 힘들다. 하지만 반대로 생각하면 그만큼 스릴도 두 배가 된다는 뜻이다. 이렇게 험한 길에서는 자세를 최대한 낮춰 균형을 잡는 것이 좋다. 소위 '공격적인 자세'라고 하는데, 엉덩이를 안장에서 떼고 크랭크 암은 수평

자전거 핸들 위에서 가부좌를 틀 수 있는 건 '달인 김병만' 밖에 없소이다~

으로 하고 무릎과 팔꿈치를 구부려 준다. 이렇게 하면 거친 지면에서 받게 되는 충격이 완화되어 앞으로 나가기 쉬워진다.

- 내리막길에서

사랑은 타이밍이다. 그만큼 적절한 시기에 누구를 만나고, 어떻게 하냐가 중요하다는 뜻이다. 산악 라이딩도 마찬가지다. 특히, 내리막길에서는 타이밍이 정말 중요하다. 어떤 타이밍이냐고? 그것은 브레이크 잡기다. 일반 도로의 내리막길을 달릴 때나, 산길에서 내리막길을 달릴 때나, 내리막길을 만나면 브레이크를 잘 활용해야 한다. 하지만 언제까지 브레이크를 잡을 수 있을 것인가! 아마 내리막길이 조금만 길면 팔이 떨어져 나갈지도 모른다. 그래서 이럴 때에는 브레이크를 쥐었다 폈다를 적절히 활용해야 한다. 예를 들어 길 상황이 고른 내리막길에서는 브레이크를 강하게 잡아주고, 돌밭에 움푹움푹 파인 웅덩이가 곳곳에 깔린 험한 내리막길에서는 브레이크를 놓아줘야 한다.

④ 산악 라이딩 코스 소개

난 정말 천성이 너무 착한 것 같다. 좋은 것이 있으면 한 사람이라도 더 나눠주고 싶고 챙겨주고 싶으니까. 지금부터는 내가 산악 라이딩을 다니면서 좋았던 곳을 소개하고자 한다.

- 서울 편 : 청계산

옛 골에서 시작하는 이 코스는 총 45km에 달한다. 대략 3시간이면 후딱 다녀올 수 있다. 청계산 코스는 어떻게 가냐에 따라서 코스가 달라지는데 근처가 미군 부대여서 통과가 안 되는 지역도 있다.

내가 자주 다니는 코스는, 옛 골 -> 등산로 입구 -> 부대 앞 공터 -> 동자샘 -> 임도 정상 공터 -> 이수봉 -> 능선 따라 옛 골 방향으로 다운힐이다.

먼저, 등산로를 따라 쭉 올라간다. 경우에 따라서는 관리소 옆 길을 따라 올라가기도 하는데 개인적으로 등산로를 이용하는 것이 좀 더 낫다. 정자와 작은 개울을 지나서 쭉 가다 보면 부대 앞 공터가 나온다. 부대 앞 공터의 다운힐이 끝나면 청계산 코스 가운데 가장 빡세다고 할 수 있는 언덕이 나온다. 그리고 업힐이 끝나면 동자샘이 보인다. 그다음에 만나는 곳이 임도 정상 공터인데 여기서 왼쪽 능선을 타고 이수봉으로 향한다. 이수봉에서 내려올 때는 '옛 골 마을' 푯말을 보면서 오른쪽으로 우회한다. 그 근처는 군사보호지역이기 때문이다. 그대로 능선을 따라서 쭉 내려오면 청계산 봉수대가 나오고 옛 골로 복귀하면 된다. 청계산 코스 중간 중간에는 자갈밭도 있고 오르막길도 있어 절대 쉽지 않을 수 있다. 하지만 그게 또 산악자전거의 묘미가 아닐까.

- 경기도 편(1) : 화야산(양평, 가평)

양평 엘림 농원에서 시작하는 화야산 코스는 총 45km다.

수도권에서 가까워 청평호 휴양지로 각광을 받는 이 지역은 최근에는 산악자전거 코스로도 각광받고 있다. 코스는 업힐과 다운힐이 적절히 섞여 있어 초보자도 무난하게 즐길 수 있다. 무엇보다 화야산 코스는 단풍 지는 가을에는 붉게 물든 산을 볼 수 있고 청평호도 감상할 수 있어 내가 여기를 달리고 있다는 것만으로도 감탄이 절로 나올 정도로 뛰어난 경관을 자랑한다.

- 경기도 편(2) - 남한산성(용인, 분당)

남한산성의 남문에서 시작해서 용인 동림리로 이어지는 이 코스는 총 68km다.

서울, 경기지역과 가깝다는 이점으로 매년 산악자전거 동호회가 주관하는 산악자전거 랠리가 개최되는 곳이다. 검단산, 이배재, 영장산, 법화산, 향수산을 지나가면 수도권에 이런 곳이 있었나 싶을 정도로 푸른 숲과 다양한 동물도 만날 수 있다. 단, 코스가 길어서 초급자에게는 무리가 있을 수도 있으니 너무 큰 욕심은 안 부렸으면 좋겠다.

- 충청도 편 : 충남아산 광덕산

외암리 미속마을에서 광덕산을 돌아오는 총 43km의 코스다.

이 코스는 국내 산악자전거 대회 중 가장 긴 코스이기 때문에 초보자에게는 다소 무리가 있을 듯싶지만 업 다운이 조화롭고 코스도 대체로 무난해서 인기 코스 중의 하나다. 단, 초반 5km 정도는 업힐 코스로 컨디션 조절에 힘써야 한다. 이 업힐 코스가 끝나면 거산리 임도 분기점에서 다운힐 코스가 기다리고 있으니, 이때 땀을 식히는 기분이란 이루 말할 수 없다.

그리고 라이딩이 끝났다고 돌아갈 것이 아니라 근처에 현충사, 민속박물관, 민속마을, 온양온천, 도고온천, 아산온천 등의 다양한 관광지와 휴식처가 있기 때문에 일거양득의 효과를 누릴 수 있다. 나는 라이딩 후, 가까운 온천을 즐긴다.

- 경상도 편 : 경북 문경 불정산 자연휴양림

문경 클레이 사격장을 출발해 휴양림을 통과하고 다시 클레이 사격장으로 돌아오는 총 12km의 코스다.

이 코스는 다운힐 코스가 무려 3km가 넘기 때문에 체력안배를 잘하는 것이 좋다. 정상에 오르면 싱글 코스와 오른쪽으로 우회하는 넓은 도로 코스로 선택할 수 있다. 주변에는 문경온천, 문경새재 박물관, KBS 사극촬영장, 용추계곡, 봉암사 등 다양한 관광지가 있어서 라이딩 외에도 즐길 거리가 풍부하다.

- 전라도 편 : 완도 상황봉

완도 공설운동장을 시작해서 완도읍에서 끝나는 이 코스는 무려

50km에 달하는 장거리 코스라고 할 수 있다. 하지만 울창한 수목원 길을 따라가다 보면 시간 가는 줄 모른다. 코스를 따라가면 '해신' 세트장, 청해진 유적지를 구경할 수 있어서 그야말로 신선놀음에 세월 가는 줄 모른다는 말이 딱 어울린다. 가보면 절대 후회하지 않을 것임을 자신한다.

- 강원도 편 : 평창 대관령목장

대관령목장 초입의 주차장에서 시작해서 동해전망대를 지나, 황병산과 소황병산을 거쳐 오는 이 코스는 총 11km다. 고도가 높아서 계속 업힐 만 나오면 어쩌나 걱정하는 사람도 있을 것이다. 그러나 동해전망대의 푸른 초원과 풍차들이 즐비한 풍경을 옆에 두고 달리는 기분이란 피로 따위를 잊게 한다. 한 가지 팁을 주자면, 동해 전망대를 지나 광장 옆 계곡에서 길이 갈라질 때 오른쪽 동해전망대 쪽으로 올랐다가 왼쪽의 계곡 길로 가는 것을 추천한다. 왼쪽 계곡 길은 좀 평이해서 지루하기 때문이다. 한 가지 주의할 점은 이 코스는 지면이 미끄러운 곳도 있으니까 절대 과속은 금물이다.

달인, 언제까지 하실 건가요?

기자 분들은 물론이고, 식당에 밥 먹으러 가도 자주 듣는 질문이다. 2007년 12월부터 시작했으니, 벌써 4년이 넘었다. 이렇게 장수코너가 되리라고는 예상치도 못했다. 이제 달인이 한 회, 한 회 나아가는 길이 바로 새로운 역사가 되는 것으로 생각하며 준비하고 있다. 그만큼 오래됐으니, 이제 소재 고갈돼 뭐 할 게 있겠어? 걱정하는 분이 많이 계시지만, 나는 매회 이번 회가 마지막이라는 생각으로 최선을 다해 만들어 가고 있다.

아이템을 찾고, 연습하고, 소품까지 직접 만들어 무대에 오르다 보니, 결코 쉬운 일은 아니다. 때때로 외발 자전거, 외줄 타기, 비눗방울 등 길게는 수개월씩 연습을 해야 무대에 올릴 수 있는 아이템도 있다. 그래도 정말 감사한 일은 노력한 소재는 많은 분이 알아봐 주신다는 것이다.

길어야 5분 내외인 달인 코너지만, 그냥 웃고 잊어버리는 코미디가 아니라 내 연기를 보고 감동까지 받았다는 분들의 인터넷 댓글은 정말 큰 힘이 된다. 웃음을 넘어 감동까지 전달할 수 있는 코미디! 앞으로 내가 계속 추구하고자 하는 코미디의 길이다. 진심은 통하고, 노력 앞엔 장사가 없다.

아~ 이렇게 말은 멋있게 했는데, 이제 엄지손가락으로 물구나무서서 두 바퀴 반 돌아야 하나? 그저 시청자들께 감사할 따름이다.

"사랑합니다. 여러분! 계속 지켜봐 주십시오!"

최고의 '차', 자전거
자전거는 운동기구가 아닙니다. 인간이 만든 최고의 '차'입니다

　정말 유명한 광고 카피 중에 '침대는 가구가 아닙니다. 과학입니다' 라는 문구가 있다. 침대가 가구가 아니라니, 엄청 파격적인 말로 일대 센세이션을 불러일으켰었다. 자전거도 마찬가지다. 자전거는 운동 기구가 아닙니다. 인간이 만든 최고의 '차' 입니다.

　자전거를 그저 레저의 한 종류나, 운동 기구 정도로만 치부하는 경향이 팽배하기 때문에 자출족 확산에 많은 걸림돌이 된다. 자전거를 자동차와 똑같이 교통수단으로 본다면, 먼저 안전 교육부터 철저히 해야 할 것이다. 엄마들은 흔히 아이들이 자동차 도로에 갑자기 뛰어들거나, 차에 가까이라도 갈라치면 깜짝 놀라서 야단을 친다. 하지만 자전거 전용 도로에서 보면 애들이 좌, 우, 앞, 뒤에서 마구 뛰어나온다. 부모들은 그런 애들을 제지하지도 않는다. 이렇게 자전거 길은 그냥 다녀도 된다는 인식 때문에 위험한 순간이 한, 두 번이 아니다. 자전거에 대한 간단한 수신호나 헬멧 착용 같은 안전 교육이 정말 시급하다.

　지금 이 순간에도 자전거 전용 도로를 만들기 위해 보도블록을 파헤치고 공사를 하는 도로가 어딘가에 분명히 있을 것이다. 도로 공사도 좋지만, 자전거에 대한 인식 개선이 필수다. 자전거도 교통수단이라는 것! 인간이 만들어낸 최고의 '차' 는 자전거라는 것을 다시 한번 강조하

고 싶다.
 졸필이지만 끝까지 읽어주신 분들께 머리 숙여 감사를 드린다. 길 어디선가 만나면 반갑게 인사 나누는 자출동료로 다시 보기를….

 포에버~ 달인!

빈 병을 추억하며…

'쿵쾅, 쿵쾅, 쿵쾅'
개그 콘서트 무대에 오르기 전, 내 심장 소리다.
수도 없이 오른 무대지만, 아직도 무대에 오르기 전에는 무대 울렁증으로 가슴이 두근두근 거린다.
'무대 울렁증' 그렇게도 나를 괴롭힌 단어. 개그맨의 꿈을 안고 서울에 올라와서 번번이 개그맨 시험에 떨어진 이유다. 친구들 앞에선 그렇게 떨떨 날던 내가 시험장 무대에만 오르면, 눈앞이 캄캄해지고 식은땀이 삐질삐질 아무 소리도 들리지 않는다. 무대에 서면 바로 그냥 얼음. 그때는 내가 '병만'이 아니라, '멍만'이 된다. 그러니 시험에 붙을 수 있겠는가? 줄줄이 공채시험에서 떨어지고, 그만 포기하고 고향으로 내려갈까? 고민 많이 했었다.

그 시절 만난 친구가 이수근이다. 영화 '선물'의 단역 오디션 현장에서 보기 드물게 나랑 키가 비슷한 친구가 눈에 들어왔고, 운명(?)처럼 만난 키 작은 우리 두 사람은 바로 의기투합! 방값 아껴 보겠다며 월세 4만 원짜리 옥탑방에서 함께 살게 되었다. 겨울엔 추워서 입김이 훅훅~ 나오는 방에서 두꺼운 파카를 입고 버텼고 여름엔 찜통 같은 방이었지만, 꿈 하나만 보고 이 악물고 버티고 버텼다. 하지만 이렇다 할 수입이 없던 우리는 월세 4만 원이 없어서 매달 초만 되면 주인아주머니를 피해 다니기 바빴다.

그 당시 우리의 유일한 수입원은 바로 '빈 병'이었다. 온 동네를 돌아다니며 빈 병을 모아 월세를 내기도 하고, 하루 종일 굶다가 자장면이 너무 먹고 싶을 때도 빈 병을 모아 사 먹기도 했다. 처음에는 혹시라도 누가 보면 어쩌나 싶어, 사람들의 눈을 피해 줍고 다녔지만, 이내 그것도 익숙해지고 뻔뻔해져서 빈 병 모으기도 달인 수준이 되었다. 그렇게 고생하며 무대에 오르다 보니 무대 울렁증도 점차 없어지고 개그맨 시험도 합격하게 되었다.

그때의 고생이 어쩌면 지금의 개그 밑천인 셈인지도 모르겠다. 지금도 수근이를 만나면, 우리는 옥탑방 시절로 돌아가고는 한다. 서로 자기가 키가 크다고 까치발 세워가며 싸우고, 소주 한 잔씩 기울이면서 빈 병을 서로 가져간다고 낄낄~ 댄다.

"죽을 것 같이 힘든 고생도 추억이라며 이야기할 날, 분명히 온다!" 지금 이 순간에도 꿈을 위해 노력하는 이들에게 그 희망의 증거가 되고 싶다.

달인,
자전거 정비를 말하다
'아찔 김병만 선생'의 본격 자전거 정비

자전거 주행 전, 간단한 자가 점검

어잇후~ 내 새끼... 어디 아픈 건 아니지?

　라이딩 전 '자전거 점검'은 매우 중요하다. 사전 체크만 잘해도 어느 정도 사고 대비가 가능하기 때문이다. '설마 사고가 나겠어?'라고 생각들 하지만 사고란 늘 방심에서부터 시작되지 않던가.

　달인 코너에서도 마찬가지다. 충분한 사전 연습과 점검만이 방송 녹화에서의 사고를 막는다.

　자! 이제부터 '달인을 만나다'보다 훨씬 쉬운 '자전거 점검' 시~작!

주행 전 자전거 점검

1) 너트, 볼트

　자신의 자전거 앞바퀴를 지표면에서 5~8cm 정도 든 후 가볍게 내려놓았을 때 뭔가 빠지는 소리나 잡음이 들린다면 전체적으로 세세히 살펴

앞 바퀴를 든다. (5~8cm)

앞 바퀴를 놓는다.

봐야 한다. 이상이 발견되면 바로 정비가 필요하다. 혼자서 하기 어려운 부분은 판매자나 전문 기술자에게 문의하거나 의뢰한다.

2) 타이어와 휠

타이어의 공기압을 수시로 확인한다. 핸들바와 안장을 잡고 자전거에 체중을 실어 눌러본다. 타이어가 심하게 눌리거나 공기가 부족하다면 공기를 주입한다. 좀 더 정확한 계측을 위해서는 공기압 게이지가 포함된 펌프를 이용한다. 대부분의 산악자전거 적정 공기압은 30~60psi로, 주행하는 노면과 타이어의 최소/최대 압력에 따라 조절한다.

자전거와 자전거 밑을 확인한다.

타이어를 확인하고 힘을 주어 눌러본다.

타이어의 표면은 앞/뒤 바퀴를 천천히 돌려보면서 점검한다. 갈라짐이나 찢어짐이 있는지, 깊게 파이거나 이물질이 끼었는지 확인한다. 문제

바퀴를 들고 휠을 돌려
다른 이상을 확인한다.

체인의 상태가 어떤지 확인한다.

변속레버를 작동해본다.

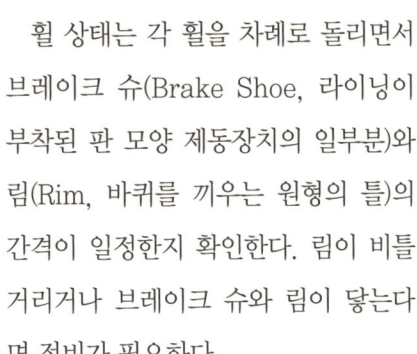

가 있다면 즉시 교체한다.

휠 상태는 각 휠을 차례로 돌리면서 브레이크 슈(Brake Shoe, 라이닝이 부착된 판 모양 제동장치의 일부분)와 림(Rim, 바퀴를 끼우는 원형의 틀)의 간격이 일정한지 확인한다. 림이 비틀거리거나 브레이크 슈와 림이 닿는다면 정비가 필요하다.

3) 체인

체인이 녹슬거나 흙먼지가 끼었는지, 마디가 뻣뻣하거나 마모가 심한지 확인한다.

리어 디레일러의 작동을 확인한다.
(프론트 디레일러도 확인한다.)

4) 기어변속

기어변속이 원활한지, 체인이 건너뛰거나 튀는지 점검한다. 변속하며 체인이 원활하게 변속되는지 확인한다.

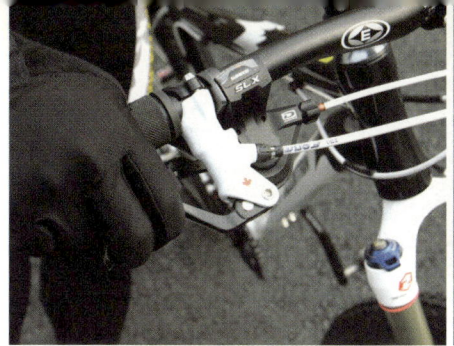

브레이크를 잡는다.   캘리퍼와 로터의 상태를 확인한다.

5) 브레이크

브레이크에는 'V 브레이크'와 '디스크 브레이크'가 있다. V 브레이크의 경우는 브레이크 레버를 잡은 후 육안으로 앞/뒤 바퀴 브레이크 패드(바퀴를 양쪽에서 잡아주는) 상태와 조임 정도를 확인한다.

앞, 뒤 바퀴의 QR레버를 확인한다.

디스크 브레이크의 경우는 브레이크 레버를 잡은 후 브레이크가 적절하게 작동하는지, 레버 간격이 적당한지 확인한다. 좀 더 살펴보면 레버를 가장 강하게 잡아서 레버 끝이 핸들바에 닿는지, 바퀴를 들어 돌려 캘리퍼(Calliper)와 로터(Roter)의 간섭이 있는지 확인한다. 로터 볼트나 센터 락 링, 캘리퍼

시트포스트(Seat Post, 안장 밑 바 부분) QR레버를 확인한다.

볼트가 풀려 있는지도 확인한다. 이상의 점검 중 하나라도 문제가 있다면 반드시 정비 후 라이딩 해야 한다.

안장과 스템이 일직선으로 보이는지 확인한다.

바퀴를 다리 사이에 끼고 핸들바를 돌려본다.

브레이크를 잡고 자전거를 앞뒤로 흔들어본다.

6) 퀵 릴리즈

퀵 릴리즈가 적용된 부분인 앞바퀴, 뒷바퀴, 시트포스트의 잠금 상태를 확인한다.

7) 핸들바, 안장 헤드셋

핸들바와 안장을 조정하고 헤드셋 조임 상태를 확인한다.

안장과 스템(Stem, 핸들바의 고정부품, 스티어 튜브를 연결)이 자전거의 탑 튜브(Top Tube, 프레임의 가장 위쪽을 차지하는 튜브)와 정확하게 평행을 이루고 있는지 확인 후, 안장과 스템을 돌리면 움직이지 않을 정도로 단단히 조여있어야 한다.

브레이크를 잡고 자전거를 앞뒤로 움직여서 약간이라도 유격이 있다면 반드시 정비한다.

8) 그립 및 바엔드

바엔드와 핸들바가 단단하게 결합했는지 확인한다. 그립(Grip, 손잡

헬멧을 착용한다.   조임 끈을 알맞게 조여준다.

이)이 심하게 마모됐거나 돌아간다면 반드시 새것으로 교체한다.

9) 헬멧

반드시 헬멧은 착용하기 바란다. 또한 조임 끈은 알맞게 조여줘야 하는데 간혹 답답하다고 버클을 안채우고 타는 사람들이 있다. 이런 경우는 헬멧을 안 쓴 것과 같은 경우니 주의해야 한다.

자전거 응급정비 1.1.9.

근데 얘는 왜 여기 붙어있냐... 넌 정체가 뭐임?

아무리 사전점검을 꼼꼼히 했다고 하더라도 돌발적인 사고의 발생은 어쩔 수가 없다. 안 도와줄 땐 길가의 돌멩이 하나도 사고의 원인이 되니까.

이번 편에는 자전거 사고의 여러 경우의 수에 대한 응급정비에 대해 알아보자.

꼭 필요한 공구는 라이딩 시 항상 휴대하고, 사고가 났을 경우에는 당황하지 말고 침착하게 상황에 대처하는 자세가 필요하다.

이 책! 라이딩할 때 꼭 휴대하시라. 실전 개그는 '달인' 에서, 실전 자전거 정비는 '달인, 자전거 정비를 말하다' 에서 확인 가능하기 때문이다.

펑크 난 타이어 응급정비

1) 바퀴 빼기

▷ 프론트 휠을 분리하는 방법

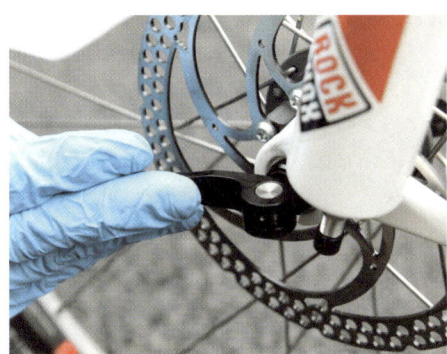

QR레버를 바깥 쪽으로 젖힌다.

QR레버가 풀리면 포크의 끝 부위에 있는 돌기가 걸리지 않을 정도로 반대편 너트를 돌려 푼다.

휠을 빼낸다.

▷ 리어(뒤 쪽 바퀴) 휠을 분리하는 방법

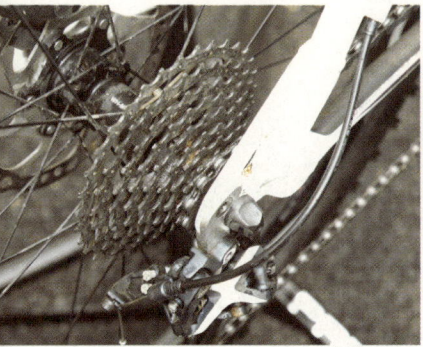

자전거 뒤쪽을 든 채로 변속레버를 조정하여 체인을 제일 작은 기어로 변속시킨다.

프론트 휠을 분리하는 방법처럼 QR 레버를 젖히고 너트를 푼다.

뒤 디레일러를 잡고 뒤쪽으로 당기면서 휠셋을 빼낸다.

체인을 빼낸다.

자전거를 뒤집은 상태에서는 휠을 좀 더 쉽게 뺄 수 있다.

2) 타이어 분리 (타이어 레버 사용)

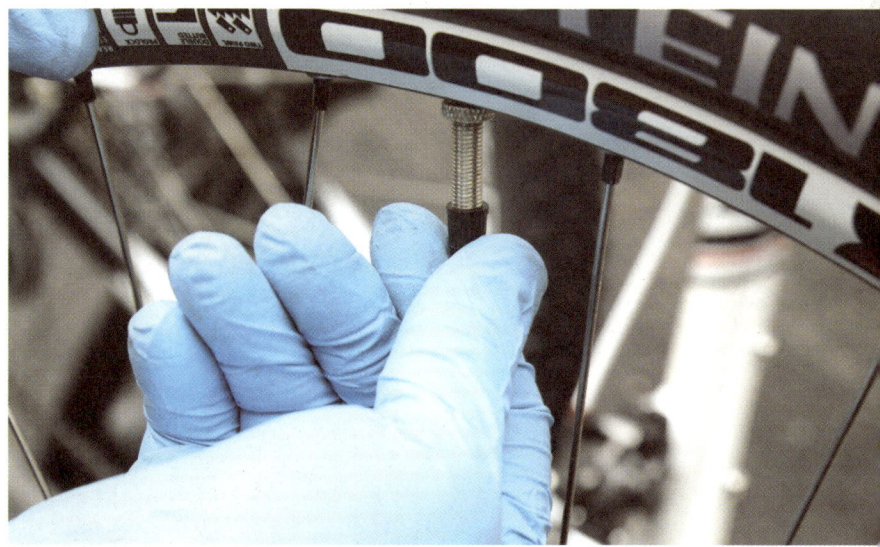

타이어 공기를 뺀다. (두 가지 벨브 타입에 주의!)

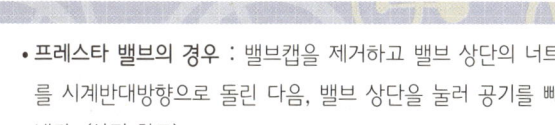

- 프레스타 밸브의 경우 : 밸브캡을 제거하고 밸브 상단의 너트를 시계반대방향으로 돌린 다음, 밸브 상단을 눌러 공기를 빼낸다. (사진 참조)
- 슈뢰더 밸브의 경우 : 밸브캡을 제거하고 뾰족한 송곳 같은 것으로 밸브 핀을 눌러 공기를 뺀다.

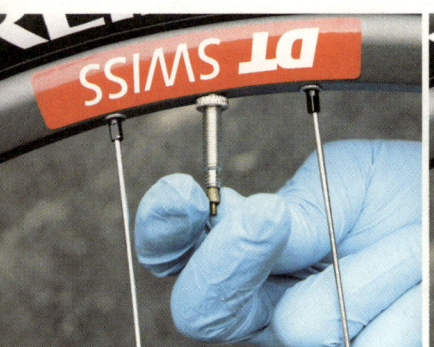

밸브 캡을 제거하고 밸브 상단의 너트를 시계반대방향으로 돌린 다음 밸브 상단을 눌러 공기를 빼낸다.

밸브 스템 너트를 돌려 빼내고 상단을 눌러 완전히 공기를 빼낸다.

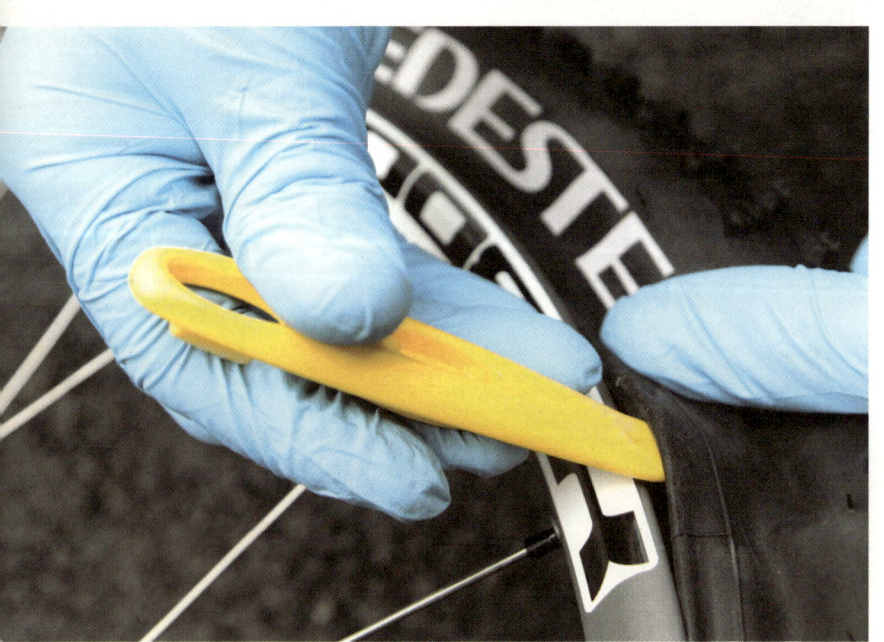

밸브 스템 근처에 타이어 레버를 끼운다.

레버를 젖혀서 스포크에 레버를 끼운다.

5~7cm 옆에 레버를 하나 더 끼워 넣는다.

타이어를 잡고 아래로 눌러 비드가 림에서 빠져 나오게 한다.

튜브를 빼낸다.

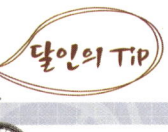
달인의 TIP

튜브리스 타이어(Tubeless Tire, 튜브가 없는 타이어)는 절대로 타이어 레버를 사용해선 안 된다. 타이어 비드(Bead, 타이어 내부 강화재)가 손상되면 공기가 샐 수 있기 때문이다.

3) 튜브 교체

타이어 내부를 손으로 만지면서 바늘이나 침 같은 날카로운 것이 있는지 확인한다. (손을 다칠 염려가 있으니 장갑을 끼거나 헝겊을 대서 확인한다.)

타이어 외부와 림 테이프, 림 내부도 확인한다.

교체용 튜브를 꺼내 휴대용 펌프로 공기를 약간 주입해 튜브 모양을 잡는다.

밸브를 잠그고 림의 밸브 구멍에 밀어 넣는다.

밸브 스템 반대쪽부터 튜브를 타이어에 밀어 넣는다.

양손 엄지를 사용하여 타이어를 림에 끼운다. 타이어와 림 사이에 튜브가 끼지 않도록 주의한다.

타이어가 잘 들어가지 않으면 전체적으로 타이어 비드를 림 안쪽으로 눌러주면서 들어가지 않는 비드를 림에 끼운다.

타이어를 다 끼웠으면 전체적으로 타이어를 주물러 튜브가 자리를 잘 잡도록 한다.

휴대용 펌프로 튜브에 공기를 주입한다. 공기가 적당히 들어갔으면 밸브 스템 너트를 끼운 후 적당한 공기압이 될 때 까지 튜브에 공기를 주입한다.

4) 펑크 패치

▷ 본드형 패치를 사용하는 방법

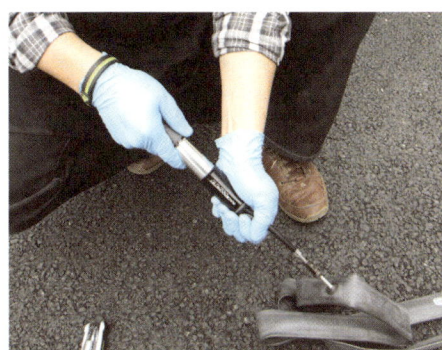

구멍 난 튜브를 꺼내 공기를 주입한다.

적당히 커진 튜브를 손으로 만지면서 공기가 새어 나오는 곳을 찾는다.

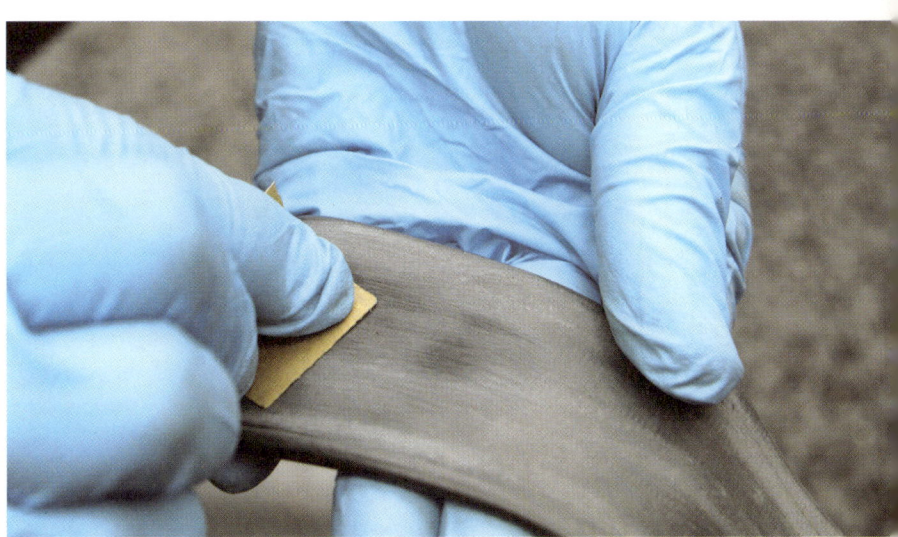

구멍 난 부위의 주변 2~3cm 부위를 샌드페이퍼로 다듬는다.

본드를 구멍 난 부위 주변에 얇게 바른다. 많이 바르면 본드가 마르는 시간이 길어지고 패치가 떨어질 염려가 있다. 본드가 완전히 마를 때까지 3~5분 정도 기다린다.

펑크 패치를 꺼내 밑면의 알루미늄 호일을 떼어낸 후 본드를 칠한 부위에 붙인다. 펑크 패치를 강하게 눌러 완전히 밀착시킨다. 셀로판지는 제거하지 않는 편이 좋다. (타이어와 패치가 서로 들러 붙는 것을 방지해준다.)

▷ 스티커형 패치를 사용하는 방법

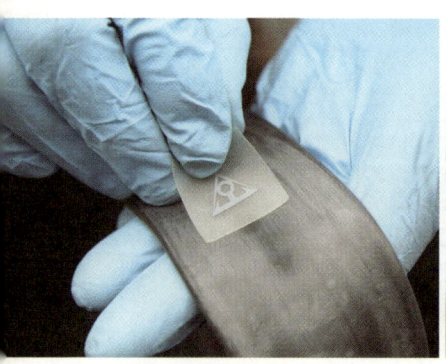
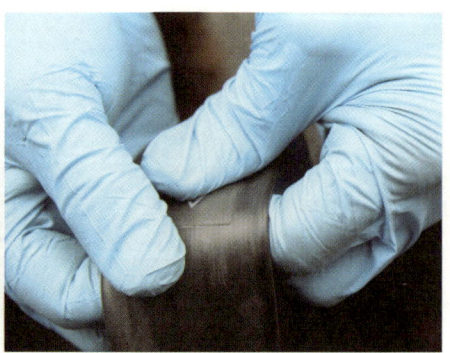

샌드페이퍼를 사용한 부위에 스티커 패치를 붙인다.

강하게 문질러서 완전히 밀착시킨다.

타이어에 튜브를 넣고 공기를 주입한다. 절대로 넣기전에 공기를 주입하지 않는다.

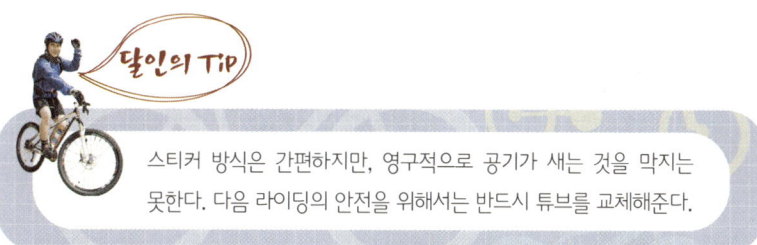

스티커 방식은 간편하지만, 영구적으로 공기가 새는 것을 막지는 못한다. 다음 라이딩의 안전을 위해서는 반드시 튜브를 교체해준다.

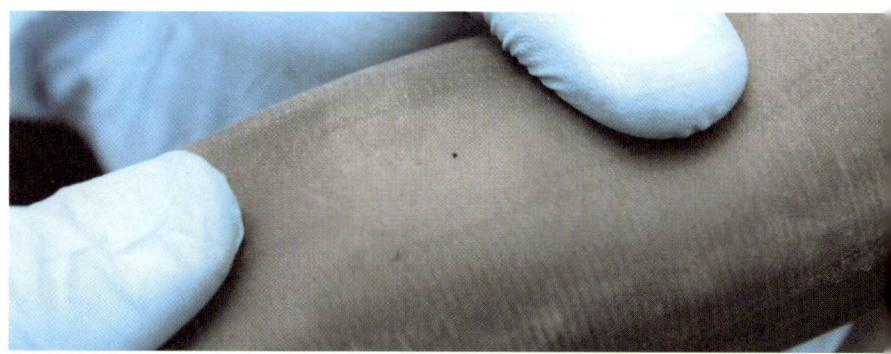

패치 수리는 구멍이 작은 곳에만 가능하다.

주행 중 체인이탈 응급정비

1) 체인 교체 (체인 링크 사용)

체인은 각기 연결된 부속의 결합체이기 때문에 전문공구 없이 교체하기는 힘들다. 유사시에는 직접 해야 하므로 체인공구 하나쯤은 마련해 둔다.

아래 사진은 체인을 간편하게 연결해주는 '체인 링크'를 사용하는 방법이다. 대부분의 자전거는 체인 링크가 있지만, 없다면 가까운 전문점에서 설치하는 것이 좋다.

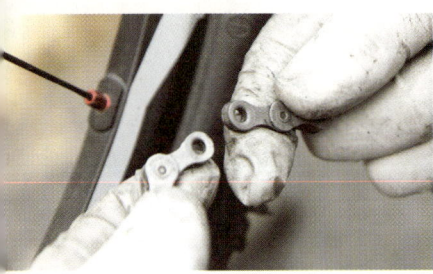
손상된 체인부위를 제거하는데 양쪽 모두 안쪽 플레이트가 나오도록 체인을 끊어낸다.

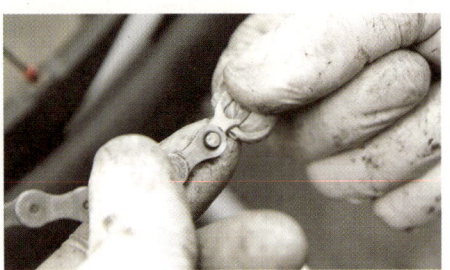
체인 링크를 체인에 끼운다.

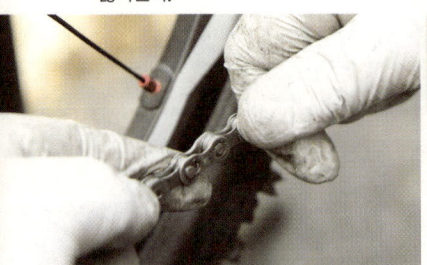
플레이트에 핀을 끼운 채로 체인을 잡아 당겨 링크를 연결한다.

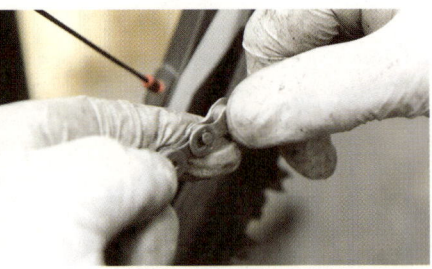
체인 링크를 뺄 때 에는 양손으로 체인을 잡고 체인 링크를 누르면서 체인을 안쪽으로 밀어낸다.

2) 체인 교체 (체인 핀 사용)

체인이 끊어지면 끊어진 부위의 끝마디와 일부 마디는 손상되어 쓰지 못한 경우가 많다. 손상된 체인 마디는 체인 공구를 사용하여 제거한다.

끊어지거나 불량 난 체인 가닥의 다음 가닥끼리 체인 후크로 연결한다.

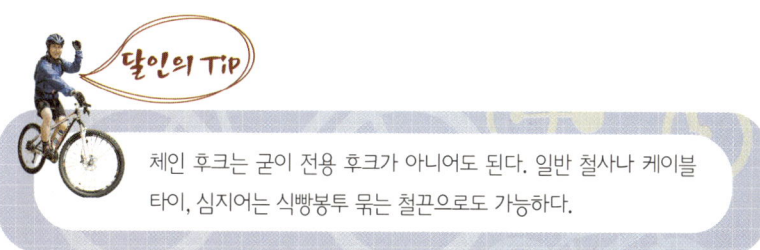

체인 후크는 굳이 전용 후크가 아니어도 된다. 일반 철사나 케이블 타이, 심지어는 식빵봉투 묶는 철끈으로도 가능하다.

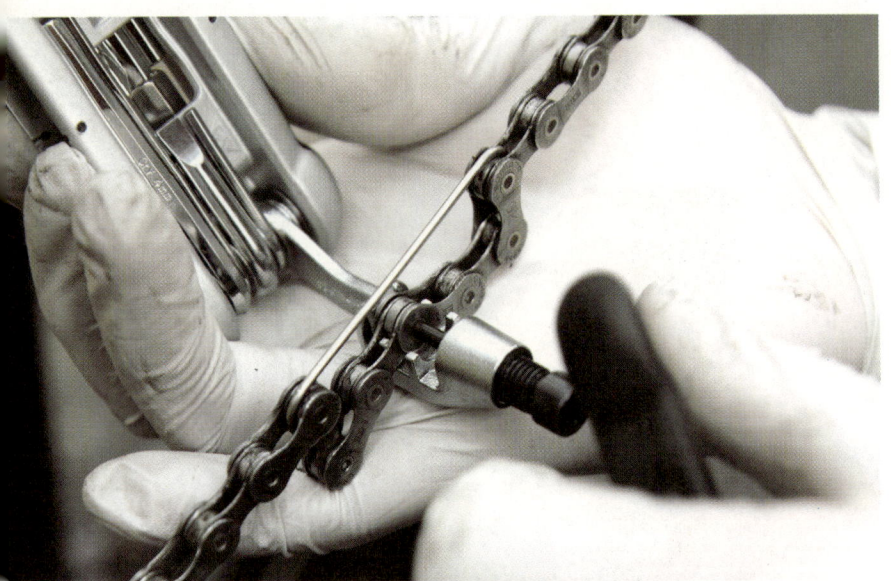

체인공구를 이용해 체인 핀을 빼고 손상된 체인 가닥을 제거한다.
이 때 한쪽에는 안쪽 플레이트, 다른 한쪽은 바깥쪽 플레이트가 되도록 분리해야 한다.

달인의 TIP

체인 공구를 사용할 때는 체인이 움직이지 않도록 꼭 잡고 핀을 빼야 한다. 체인이 움직이면 체인 공구가 파손될 수 있기 때문이다.

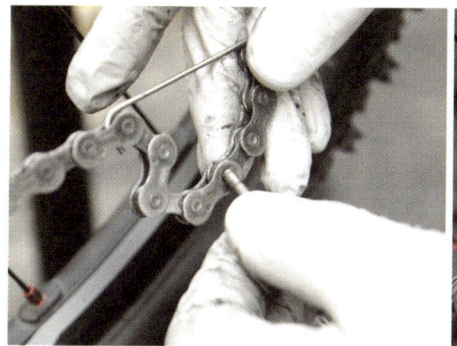

분리할 때와 마찬가지로 체인 후크를 걸고 체인 핀을 집어넣는다. (가이드 핀을 사용할 수 있다.)

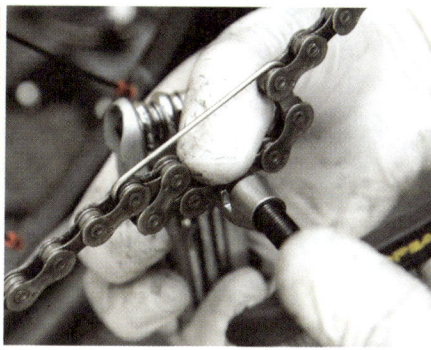

체인 공구를 이용해 체인 핀을 넣는다. (가이드 핀을 사용한 경우, 체인 핀을 넣은 다음 제거해준다.)

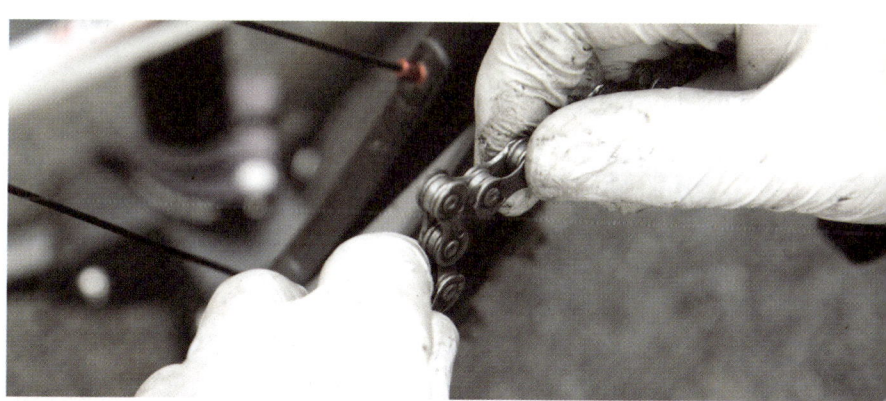

연결된 체인 가닥이 빡빡한지 확인하고 공구로 조절해준다.

달인의 TIP

여분의 체인 핀이 없다면 체인에 있는 핀을 사용해도 되지만, 이후에 끊어질 수 있음을 유의해야 한다.

3) 체인 응급상황

▷ 앞쪽 크랭크 안쪽으로 체인이 빠진 경우

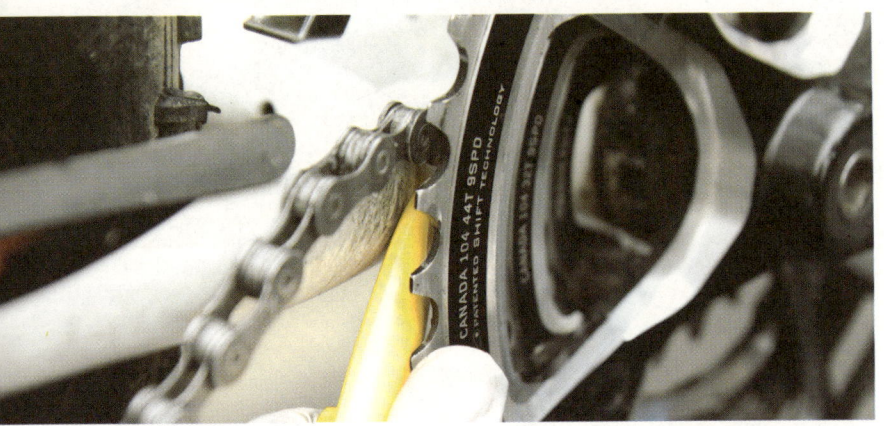

일자 드라이버나 타이어 레버 같은 것을 이용한다. 체인만 세게 잡아당기면 프레임과 체인 링이 손상된다.

일자 드라이버를 체인 링과 체인 스테이(Chain Stay, 프레임의 다이아몬드 아래 쪽 뒤 부분) 사이에 끼운 다음, 지렛대처럼 벌리면서 체인은 밖으로 당긴다. 그래도 체인이 빠지지 않을 경우, 전문 체인공구를 사용해 체인을 분리해 빼내야만 한다.

▷ 뒤쪽 스프라켓(Sprocket, 체인이 물리는 톱니) 쪽으로 체인이 넘어간 경우

이 경우는 자전거가 넘어져 디레일러(Derailleur, 변속기) 행거가 휘어서 생기는 경우가 대다수이다.

먼저 체인을 빼낸 후 디레일러 행거를 조정한다.

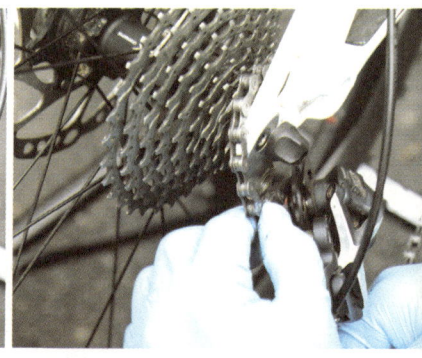

디레일러를 1단으로 조정하고 뒷손으로 잡으면서 체인을 천천히 잡아 당겨 빼낸다.

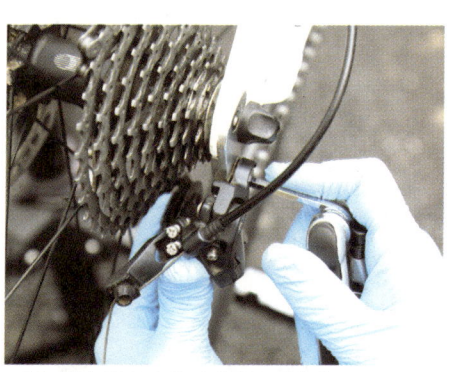

조금 휘어 있으면 육각렌치를 이용하여 천천히 편다.

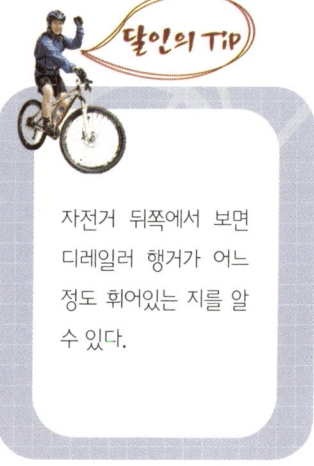

달인의 TIP

자전거 뒤쪽에서 보면 디레일러 행거가 어느 정도 휘어있는 지를 알 수 있다.

▷ 디레일러 행거가 파손되거나 많이 휘어 있을 경우

라이딩 할 때 어느 한쪽으로 넘어졌을 경우, 충격에 의해 프레임 행거가 휘거나 파손될 수 있다. 무리하게 행거를 펼 경우 부러질 수 있다. 이때에는 뒤 디레일러에 지나가는 체인을 빼내 싱글 기어 자전거(Pixie, 픽시)처럼 체인을 연결한다. 단, 풀서스펜션 자전거에는 사용해선 안 된다.

체인을 분리한다.

뒤 디레일러를 분리한다.

집에까지 갈 수 있는 적당한 기어비
(대략 앞쪽 2단, 뒤쪽 3~4단)에 맞춰서 앞 디레일러를 조절한다.

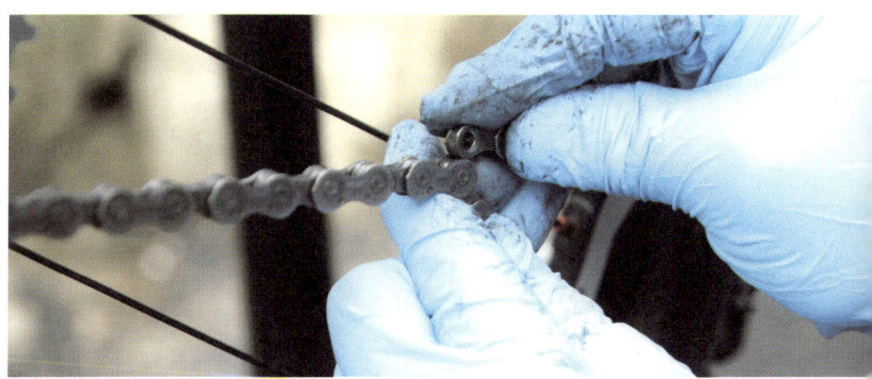

체인을 끊어내고 결정한 기어비에 맞춰서 체인을 최대한 당겨서 연결한다.

체인을 연결하기 전 리어 휠을 조금 빼내 체인이 조금 느슨해지도록 한 다음
체인을 연결 후 리어 휠을 끼운다.

자전거 생활정비 1.1.4.

평소에 너~무 정비를 잘해놔
아까워서 타고 다닐 수가 있나(응?)

사전점검, 응급정비만 중요하랴. '있을 때 잘해'라는 진리처럼 평상시 관리도 중요하다.

너무 아끼는 애마라면 말할 것도 없겠지만, 신문구독 등으로 받은 공짜자전거라도 한두 달 타고 말 것이 아니라면 평소에 잘~해야 한다.

평상 시 – 기본적인 오일 정비

1) 체인

체인은 항상 청결하고 윤활이 잘되어야 한다. 체인 관리가 부실하면 맞물려 구동하는 크랭크(Crank), 스프라켓, 디레일러 등에 문제가 발생할 수 있다.

전용 오일은 라이딩 환경에 따라 웨트타입(습식)과 드라이 타입(건식)

으로 나뉜다. 웨트타입은 습기가 많은 환경에서 오일을 덜 씻겨 내려가게 하고 드라이 타입은 건조한 환경에서 먼지가 덜 끼게 한다.

체인 마디 마다 오일을 떨어뜨리면서 크랭크를 돌린다.

체인에 오일을 모두 주유했으면 수십 번 크랭크를 돌려 체인 마디 마디에 오일이 스며들도록 한다.

헝겊으로 가볍게 체인을 닦아낸다.

2) 브레이크

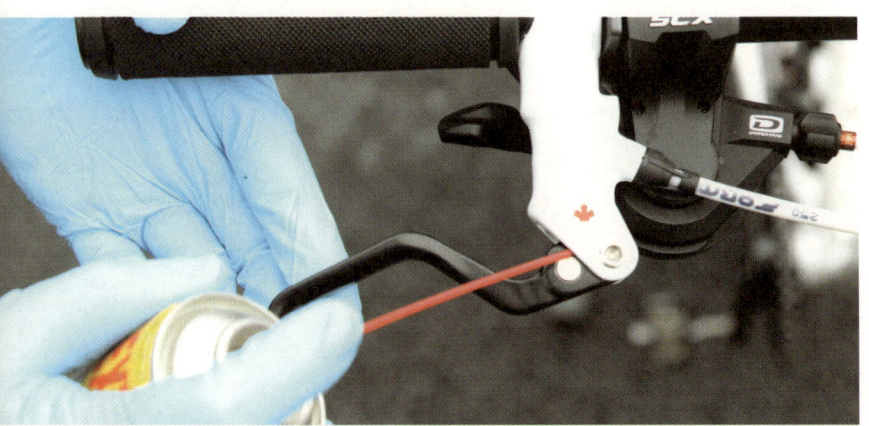

브레이크 레버 피봇(Pivot) 등에 주유한다. 절대로 브레이크 패드와 로터에 오일이 묻지 않도록 한다.

3) 디레일러

디레일러의 움직이는 피봇 부위에 주유한다.

리어 디레일러의 경우 풀리에도 주유한다.

4) 페달

페달 바디 스프링 및 피봇 부위에 주유한다.

5) 케이블

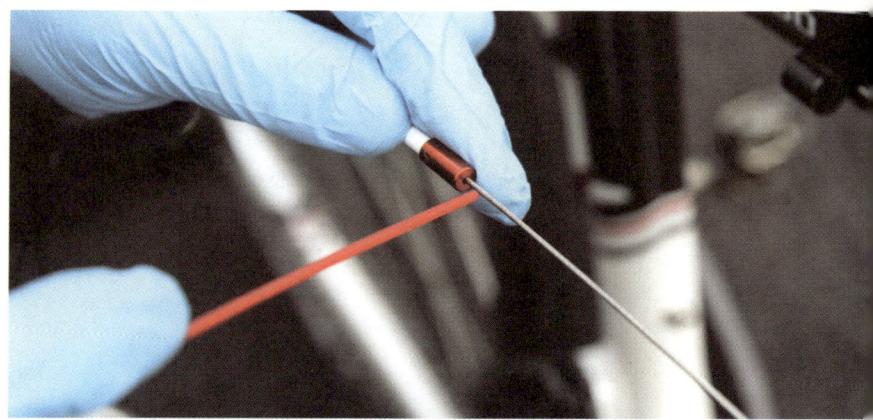

브레이크와 쉬프터의 케이블은 아우터 케이싱 안에 있어 외부의 영향을 덜 받는다. 하지만 이물질이나 수분이 침투하여 뻑뻑하게 되면 케이싱을 빼고 윤활을 한다.

6) 서스펜션 포크

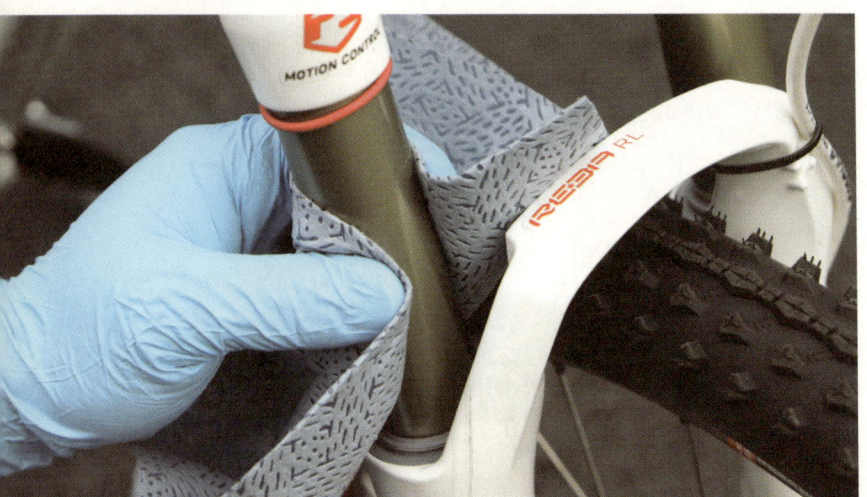

스텐션 튜브를 깨끗한 천으로 닦아낸다.

서스펜션 포크 전용 오일을 바르고 핸들바로 몇 차례 포크를 눌려준다.

브레이크 관련 생활정비

브레이크는 탈 때마다 항상 점검한다. 브레이크가 손상되어 제동되지 않을 때는 차라리 내려서 끌고 가기를 권한다.

1) 디스크 로터의 청결상태
- 림과 패드에 이물질이 끼어 있는지 확인한다. 림과 패드 표면에 이물질이 있으면 닦아내거나 샌드페이퍼 등으로 제거한다.
- 로터에 오일이 묻어 있는지 확인한다. 오일이 묻어 있을 경우 알콜로 세척한다.
- 디스크 패드에 오일이 묻어 있을 경우 교체한다.

2) 패드 마모
- 디스크 패드의 경우 마찰소재의 두께가 1~1.5mm 이내이면 반드시 교체한다.

3) 케이블 상태
- 케이블이 닳았거나, 가닥이 끊어졌거나 헐렁거리는지 점검한다.
- 유압 호스 상태와 하우징(Housing, 케이블이 들어가는 파이프)이 손상돼 있는지 꺾여 있는지 점검한다.

기어 관련 생활정비

1) 리어 디레일러

리어 디레일러에는 보통 3가지 조절나사가 있는데 L, H 그리고 B 텐션 조절 나사가 있다.

L 조절나사는 저단 기어의 한계 위치를 조절하며, H 조절나사는 고단 기어의 한계 위치를 조절한다. B 텐션 조절 나사는 디레일러의 회전 장력을 조절하는 나사이다.

▷ 고단(H) 기어 한계 조절하기

크랭크 3단 체인 링에 체인을 위치하도록 한다.

체인이 스프라켓의 가장 작은 부위에 위치하도록 변속한다.

H 조절나사를 조절하여 가이드 풀리(Guide Pulley, 뒤 디레일러 위쪽 두 개의 작은 휠, 기어변속 시 체인의 이동을 도움)가 스프라켓과 일직선을 이루도록 조절한다. 시계방향으로 돌리면 풀리는 왼쪽으로 이동하며, 시계 반대방향으로 돌리면 오른쪽으로 이동한다.

▷ 저단(L) 기어 한계 조절하기

크랭크 1단 체인 링에 체인을
위치하도록 한다.

체인이 스프라켓의 가장 큰 부위에
위치하도록 변속한다.

L 조절나사를 조절하여 가이드 풀리가 스프라켓과 일직선을 이루도록 조절한다.
시계방향으로 돌리면 풀리는 오른쪽으로 이동하며, 시계 반대방향으로 돌리면 왼쪽으로
이동한다.

▷ 케이블 장력 조절하기

정 방향 디레일러일 경우 체인을 3단에 위치하도록 한다.

가이드 풀리와 스프라켓이 일치하도록 디레일러 배럴 나사를 조절한다. 시계반대방향으로 돌리면 장력이 커지고, 시계방향으로 돌리면 장력이 작아진다. 즉 시계반대방향으로 돌리면 풀리가 왼쪽으로 이동하고, 시계방향으로 돌리면 풀리가 오른쪽으로 이동한다.

▷ B 텐션 조절하기

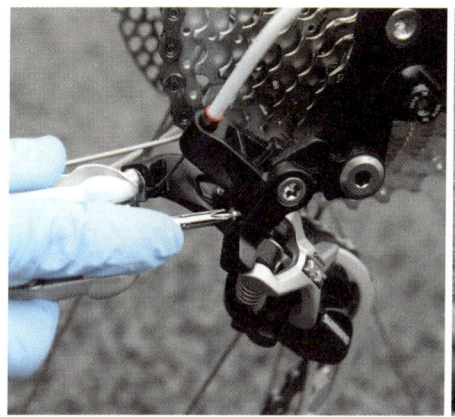

B텐션이란 가이드 풀리와 스프라켓 사이를 조절하는 나사로써 거리가 멀어지면 변속이 느려진다. 가까우면 변속이 빨라지나 지면의 충격이 오면 체인과 스프라켓의 간섭으로 트러블이 생길 수 있다.

크랭크 2단에 체인을 걸도록 변속하고 스프라켓에는 1단이 걸리도록 변속한다. B 텐션 볼트를 돌려서 풀리와 스프라켓과의 거리가 6mm 정도로 조절한다. 시계방향으로 돌리면 멀어지고 시계 반대방향으로 돌리면 가까워진다.

B텐션이 적절하게 조절된 모습

B텐션이 과도하게 조절된 모습

2) 프론트 디레일러

▷ 프론트 디레일러 적정 위치 조절하기

앞 디레일러와 크랭크 체인 링의 높이 차이 모습

앞 디레일러 간격가이드

- 프론트 디레일러 케이지와 3단 체인 링 사이의 거리는 1~2mm가 가장 적절하다.
- 프론트 디레일러가 밴드타입일 경우, 밴드 고정볼트를 돌려서 적절한 위치에 놓은 다음 체결한다.

프론트 디레일러를 위에서 봤을 때 체인 링과 케이지가 평행일 경우가 올바르게 조절된 것이다.

- 프론트 디레일러에는 보통 2가지 조절나사가 있는데 L, H 한계 조절 나사가 있다.
- L 조절나사는 저단 기어의 한계 위치를 조절하며, H 조절나사는 고단 기어의 한계 위치를 조절한다.

▷ 저단(L) 기어 한계 조절하기
- 스프라켓 1단에 체인을 위치하도록 한다. (저단 기어 변속 위치)
- 체인이 1단 체인 링과 2단 체인 링 사이로 움직이도록 반복해서 변속한다.

체인이 1단 체인 링 안쪽으로 넘어가면 L 조절나사를 90도 정도 시계방향으로 돌리고 반복해서 변속해본다.

체인이 케이지에 닿는다면 L 조절 나사를 90도 정도 시계 반대방향으로 돌리고 반복해서 변속해본다.

▷ 고단(H) 기어 한계 조절하기
- 스프라켓 최고 단에 체인을 위치한다.
- 체인이 2단 체인 링과 3단 체인 링 사이로 움직이도록 반복해서 변속한다.

체인이 3단 체인 링 바깥으로 넘어가면 H 조절나사를 90도 정도 시계방향으로 돌리고 반복해서 변속해본다.

체인이 3단 체인 링으로 올라가지 못하거나 2단에서 체인이 케이지에 닿는다면 H 조절 나사를 90도 정도 시계 반대방향으로 돌리고 반복해서 변속해본다.

▷ 케이블 장력 조절하기

프론트 디레일러를 1단으로 변속한 다음 케이블의 장력이 느슨한지 체크한 후 변속레버의 배럴을 조절하여 케이블의 장력이 적당하게 당겨지게 조절한다.

- 프론트의 2단 체인 링, 리어의 최고 스프라켓에 체인이 위치했는데 프론트 디레일러 케이지에 체인이 닿는다면 배럴을 돌려 장력을 조금씩 높여 닿지 않도록 조절한다.
- 프론트의 2단 체인 링, 리어의 1단 스프라켓에 체인이 위치했는데 프론트 디레일러 케이지에 체인이 닿는다면 배럴을 돌려 장력을 조금씩 낮춰 닿지 않도록 조절한다.
- 반복적으로 조절하면서 최종적으로 장력을 조절한다.

라이딩 자세 & 핸들 및 안장 포지셔닝

라이딩할 때의 '자세'는 생각보다 중요하다. 불편한 자세 때문에 자전거 타기를 관두는 사람도 있다. 자전거가 잘못된 것이 아닐까 애꿎은 탓하지 말자. 문제는 본인의 불량한(?) 자세다.

라이딩 자세와 밀접하게 관련 있는 핸들과 안장의 포지셔닝(Positioning, 자리잡기)을 자세히 알아보자. 산악 주행을 기준으로 설명하나, 일반도로 주행에서도 크게 다르지는 않다.

산악자전거로 라이딩 하기 위해서는 몇 단계의 준비 사항이 필요하다. 도로에서 탈 때는 이상이 없는데, 실전의 오르막길과 내리막길에서는 몸이 자전거와 따로 놀아 불편하기도 한다. 그럴 때에는 본인 몸에 맞게 조정을 해줘야 한다.

1) 자전거의 크기

산악자전거는 로드자전거와 다르게 '스탠드 오버'가 매우 중요하다. '스탠드 오버 높이'란 자전거에서 자연스럽게 내렸을 때 가랑이 사이와 탑 튜브 사이의 거리를 말한다. 이 거리가 최소한 5cm정도 떨어져 있어야, 자전거를 타다가 넘어지거나 급하게 탈출할 때 프레임이 본인의 중요 부위를 가격하지 못한다. 스탠드 오버 높이는 최대 수치가 따로 없지만 10cm 정도가 적당하다고 알려져 있다. 그리고 요즘 나오는 산악자전거들은 저 중심 설계가 되어 있어 큰 사이즈도 스탠드 오버를 확보할 수 있게 탑 튜브를 구부려서 나오는 경향이다.

스탠드 오버 1

스탠드 오버 2

안장 높이 측정 1

2) 안장 높이 조정

안장 높이에 대해선 처음부터 완벽하게 맞출 수 있는 방법은 없다. 신발의 높이나 크랭크의 길이, 페달링의 방식(토크, 회전), 달리는 지형의 특성, 자전거의 타입에 따라 모두 다르기 때문이다. 자신에게 맞는 안장높이는 실제 주행해보면서 미세한 조정을 되풀이 해야 한다.

대략적으로 조정하는 한 방법은, 안장에 앉아서 크랭크 암을 시트튜브와 일직선으로 일치하게 놓은 다음 (6시 방향), 뒤꿈치로 페달을 밟았을 때 다리가 쭉 펴지면 그 높이가 적당한 높이이

안장 높이 측정 2

다. 하지만 간신히 발이 페달에 닿는다든지, 엉덩이가 움직인다든지, 무릎이 많이 굽혀지면 적당한 위치가 아니다. 하지만 이 방법은 발 사이즈나 신발 두께에 따라서 영향을 받는다.

또 다른 방법은, 자전거 옆에 서서 허리의 위치에 안장이 올 정도로 맞추는 것이다.

본인의 인심(Inseam, 지면에서부터 가랑이 사이의 길이) 길이를 측정해 맞추는 방법도 있다. 인심 길이는 맨발로 벽면을 마주보고 서서 가랑이 사이 끝을 벽면에 체크한 다음 그 높이를 줄자로 재면 된다. 이렇게 측정한 높이에 0.875를 곱한다. 예를 들어 인심 길이가 82.5cm이면 82.5×0.875=72.187cm이고, 반올림 해서 산출된 72.2cm가 크랭크 중심축에서 안장까지의 거리가 된다.

이 방법은 대부분의 사람들에게 적당한 높이지만 위에 전제한 대로 상황에 따라 조금씩 조정해야 하는 높이이다. 안장 높이에서 염두에 둘 사항은 페달이 6시 방향에 있을 때 무릎이 충분히 굽혀져야 지면에서의 충격을 흡수할 수 있다는 점이다. 페달에 올바르게 발을 올려놓고 크랭크 암, 시트튜브와 평행

간략한 안장 높이 측정

간략한 안장 높이 측정

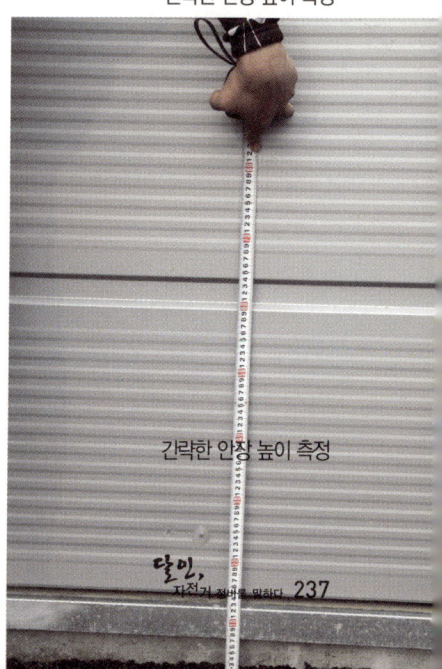

간략한 안장 높이 측정

적정한 안장 위치 측정

하게 놓았을 때 무릎 뒤쪽의 각도가 150~160도 정도 되어야 한다.

3) 안장의 앞/뒤 위치

안장의 위치는 페달을 기준으로 맞추어야 한다. 프레임이 작거나 크다고 안장을 이동해서 맞춰서는 안 된다. 크랭크의 회전운동 시 무릎에 무리가 가지 않게 하려면 페달 위치에 안장 위치를 맞춰야 한다. 자전거를 벽면 옆에 세우거나 스탠드에 고정시켜 놓고 자전거 신발을 신은 채로 자전거를 탄다. 안장의 중심에 앉아 신발을 페달에 끼운 다음 크랭크 암은 3시 방향(수평)으로 놓는다. 이 상태에서 다리의 무릎 슬개골(무릎 슬관절의 전면에 있는 뼈, 관절을 형성함)에서부터 무게추(추 역할을 할 수 있는 것이면 된다)를 달아 내린다. 이때 줄이 크랭크 암의 끝에 닿아야 하는데, 이 위치가 바로 중립 위치 또는 0의 위치로 대부분의 사람들에게 적용되는 위치이다.

페달링 스타일이 큰 기어에 강한 힘으로 돌리는 토크 스타일이면 0의 위치에서 후방으로 4cm까지 조절해, 즉 안장위치를 뒤쪽으로 이동시키면서 자기에 맞는 위치를 찾아 조절하면 된다. 만약 작은 기어로 빠르게 돌리는 회전 위주의 스타일이면 0의 위치에서 타는 것이 좋다. 지형에 따라 안장 앉는 위치를 앞 뒤로 움직이면서 타보자. 언덕을 올라갈 때에는 안장 앞쪽으로 이동해 앉고, 평지에서 토크로 회전할 때에는 다리를

안장 수평 상태

안장 코가 내려간 모양

보다 많이 펴야 하므로 뒤쪽으로 움직여 앉는다. 이것 또한 개인의 취향이므로 자전거에 익숙해지면 조금씩 조정해 간다.

안장 코가 올라간 모양

4) 안장 각도

안장 각도는 기본적으로 수평을 유지한다. 도로 라이딩에는 수평 각도가 효과적이지만 산악자전거에서는 언덕이나 내리막 등 변화 무쌍한 지형을 타기 위해선 안장 코 각도를 1~2도 정도 아래로 내리는 것이 좋다. 약간 아래로 내리면 앞뒤로 움직이는 것이 수월하며 회음부의 압력도 조금 낮출 수 있다. 하지만 라이딩의 스타일이나 안장 제품에 따라 안장 코를 높여서 조정할 수도 있다. 자신이 편한 스타일로 세팅하되 기본은 수평각도에서 조금씩 조절하는 것이 좋다.

발 위치 조절

크랭크 암 길이

5) 발 위치 조절

페달 축을 기준으로 자신의 발 볼이 가장 넓은 곳을 위치시킨다. 이 곳이 가장 페달에 힘을 집중시킬 수 있는 위치이다. 클립리스(Clipless) 페달을 사용시 클립의 위치를 잘 조정해야 하는데 발이 자연스러운 위치에 오도록 여러 번 조절을 계속한다.

6) 크랭크 암 길이 맞추기

산악자전거의 크랭크 암 길이는 로드사이클과 다르게 길게 세팅한다. 페달링 토크를 중시하여 도로용의 170mm 보다는 175mm 크랭크 암이 주로 사용된다. 그러나 신장이 165cm 이하인 사용자는 작은 프레임 사이즈에 맞추어 170mm 크랭크를 사용하도록 한다.

7) 공간 확보 및 핸들바와 스템 높이 조절

핸들까지의 거리, 높이에 대한 조절은 자전거의 종류나, 경험, 기술에 따라 크게 좌우되며 딱히 정해진 것은 없다. 하지만 가장 중요한 사항은 몸을 틀 수 있는 충분한 공간을 확보하는 것이다. 초보자를 기준으로 해서 이를 정하는 간단한 방법은 상체를 똑바로 세운 상태에서 팔

스템 길이 조절 1

스템 길이 조절 2

스템 길이 조절 3

라이딩에 적당한 자세

을 직각으로 올린 후 그대로 허리를 숙이면서 닿는 위치가 적당한 스템 길이라고 할 수 있다. 다만 경험이나 라이딩 스타일에 따라 상당한 개인차가 있다는 것이다.

적정한 스템 길이에 대해 자신이 편하고 효율적인 자세를 찾을 때까지 동료들이 지켜봐 주어야 한다.

핸들바와 스템의 높이를 정하려면 팔을 약간 굽히고 정상적으로 탔을 때 상체각도가 45도 정도 굽힌 높이가 적당하다. 이것 또한 여러 차례 조정하면서 자신이 편하게 느끼는 위치까지 조정한다. 일반적으로 스피드를 올리기 위해 상체를 많이 숙이는 스타일은 스템 길이를 길게, 높이는 낮게 하는 경향이 있다.

플랫바 자세   라이저바 자세

8) 핸들바의 형태와 넓이 조절

　핸들바는 플랫 바(평평한 핸들바)와 라이저바(위로 꺾여 올라간 핸들바, 갈매기형상)로 나누는데 전통적으로 플랫 바는 크로스 컨트리용으로 사용되고 있다. 핸들바 크기는 자신의 어깨길이에 약간 넓게 맞춰 커터기를 이용해 자를 수 있다. 어깨에 맞추면 오르막 때 등을 곧게 당길 수 있기 때문이다. 라이저바는 다운힐 자전거나 올마운틴 자전거 뿐만 아니라 크로스컨트리 자전거에도 사용되고 있다. 위로 올라온 핸들바는 약간 높은 자세를 만들어 주며 조향 조작을 느리게 해주기 때문에 안전성을 확보할 수 있다. 좀 더 편한 자세를 원하는 라이더나 다운힐 자전거에 적합한 핸들바인 것이다.

너무 꺾인 브레이크 각도

너무 눕힌 브레이크 각도

9) 브레이크 레버 각도 조절

브레이크 레버의 각도는 보통 팔 각도에 맞춰서 손목이 꺾이지 않도록 평행하게 세팅해야 한다. 다만 내리막을 내려갈 때의 포지션에 맞춰서 편하고 쉽게 잡을 수 있도록 레버 각도를 조절하는 것도 고려할 만 하다.

브레이크 각도 조절

10) 올바른 라이딩 방법

산악자전거의 자세는 고르지 못한 노면을 빠른 속도로 지나가기 위해 신체는 항상 이완되어야 한다. 즉 팔과 다리가 뻣뻣하게 펴져 있는 것이 아니라 자연스럽게 굽혀 있어 급작스러운 충격을 흡수할 수 있어야 한다. 처음 산악자전거를 타는 사람들의 대부분의 자세는 긴장돼 있어 어깨와 팔꿈치에 힘이 들

적당히 조절된 브레이크

적당히 조절된 브레이크 각도

올바른 라이딩 자세 1

올바른 라이딩 자세 2

나쁜 라이딩 자세

어가 뻣뻣하게 되어 있다. 계속해서 이런 자세로 타게 되면 어느 정도의 충격은 서스펜션이 흡수하지만 갑작스러운 충격에는 몸으로 대처하는 능력이 떨어지면서 넘어지게 된다. 중요한 것은 어깨와 팔꿈치의 힘을 최대한 편하게 풀어주면서 그립은 최대한 강하게 잡아주어야 핸들을 놓치지 않고 조향성을 잃지 않는다는 것이다. 릴렉스된 팔과 어깨, 다리는 산악자전거의 최고의 서스펜션 임을 잊지 말아야 한다.

페달링은 최대한 부드럽게 원형으로 저어야 한다. 다리의 근육을 효율적으로 사용하기 위해서는 아래로 페달을 누를 때 부드럽고도 강하게 넓적다리의 큰 근육으로 누른 다음 페달이 가장 아래에 왔을 때 힘을 빼면서 가볍게 점프하듯 발을 뒤로 당기는 것이다. 뛰는 것처럼 페달을 짓누르는 방식은 페달링의 효율성을 떨어뜨리고 다리에 무리가 간다.

가장 좋은 페달링 연습은 한쪽 발로만 페달링을 하는 것이다. 무리하지 않을 정도로 기어를 변속한 다음 한쪽 발을 페달에 고정한 채로 페달

페달링 3시 방향

페달링 6시 방향

페달링 9시 방향

링을 하는 것이다. 이후 원형 페달링의 모양새가 되면, 여러 번 페달링을 한다. 익숙해진 후 다른 한쪽 발로 연습을 하면서 부드럽게 되면 양 발로 페달링을 한다. 이렇게 연습하면 좀 더 원형에 가깝고 효율적인 페달링이 가능해진다.

라이딩을 하면서 시선은 자기가 가고자 하는 곳을 바라본다. 신체는 자기가 바라본 곳으로 밸런스를 이동하는 특성이 있다. 평평하고 넓은 장소에서 핸들링을 하지 않고 오직 시선만으로도 회전이 가능하다는 것을 직접 확인해보라. 자전거를 잘 타려면 가고자 하는 정확한 목표지점을 보는 것이 중요하다. 그리고 빨리 달릴수록 앞쪽을 멀리 훑

페달링 12시 방향

어보는 능력이다. 빠르게 보는 능력이 있어야 보다 안전하고 효과적인 길을 머리 속으로 계획할 수 있다. 아래만 보게 되면 노면 상황에 따른

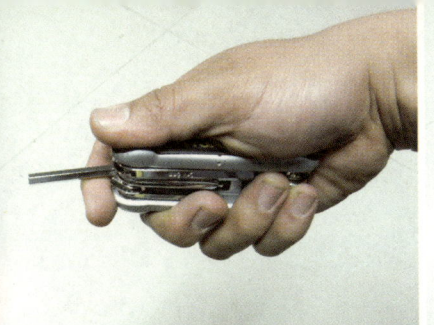
공구 잡는 방법의 좋은 예 1

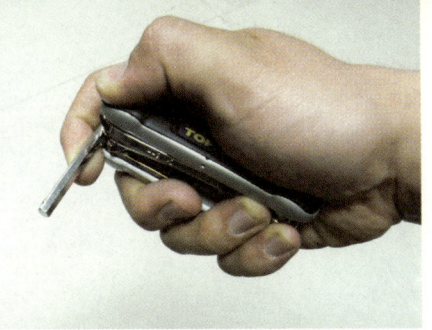
공구 잡는 방법의 좋은 예 2

공구 잡는 방법의 나쁜 예

페달링이나 핸들링, 신체 균형을 잡을 시간이 모자라게 된다. 충분히 갈 수 있는 상황에도 스스로 무너지게 된다. 멀리 보면서 집중하고 보면 물 흐르듯이 자전거를 조종할 수 있게 되고 좀 더 쉽게 자전거를 탈 수 있다.

11) 기타 필요한 내용

▷ 휴대용 공구 사용법

휴대용 공구는 한 개의 축에 여러 개의 공구를 끼워 넣어 공간 활용을 극대화한 공구이다. 그래서 바르지 않게 사용하면 공구가 파손되거나 고장 날 수 있다.

공구를 감싸며 축을 검지로 고정하면서 사용해야 한다. 힘이 가해지는 쪽을 손으로 잡아 줘야 공구가 파손되지 않는다.

공구 몸통만 잡고 사용할 경우 공구가 파손될 뿐만 아니라 육각볼트도 파손 될 수 있다.

▷ 라이딩할 때 필수 지참 용품

자전거를 탈 경우 안전하게 타기 위해 필요한 공구 및 용품

(스페어 튜브, 튜브 패치, 멀티툴(타이어레버, 체인 툴, 육각렌치, 스포크 렌치, 드라이버 기능 포함), 타이어레버, 미니펌프, 체인 링크, 현금, 신분증, 백팩, 안장가방)

▷ 정비 및 유지 관리

자전거를 처음 탈 때 초기에 길들이기를 해두면 오랫동안 성능을 유지할 수 있다. 험한 지형을 자주 라이딩한다면 정기검진을 그만큼 받는 것이 꾸준히 성능을 유지하는 올바른 길이다.

또한 자전거 구매 후 최초 주행 후에는 구매한 자전거 판매점에서 초기 정비를 받는 것이 좋다. 항상 주행 전에는 스스로 안전 점검을 하고 조금이라도 이상이 있으면 정비를 받는다. 아무런 문제가 없더라도 전문 기술자에게 정기적인 점검을 받아야 한다.

정리하며

자전거 정비에 관한 것을 정리하며 새삼 느낀 것은 자전거가 인간이 만든 '최고의 매커니즘' 중 하나라는 것이다. 요소요소 군더더기 없이 꼭 필요한 뼈대와 부품들로 이뤄진 한편의 종합예술과도 같다라고 할까.

불필요한 부품이 없을진대 정비, 즉 평상시의 관리가 중요한 것은 당연한 것이다.

비록 정비와 관련해 모든 부분을 언급하지는 않았지만(심화된 정비공

부를 원한다면 시중에 몇 가지 괜찮은 정비전문 책이 나와 있다) 꼭 필요한 정비 팁들은 다루었다. 이 내용들이 많은 사람들에게 꼭 도움이 되었으면 하는 바람이다.

쉽사리 버려지는 자전거 때문에 커다란 환경문제가 된다는 기사를 본 적이 있다. 관리소홀로 버려지는 자전거가 상상이상으로 많다라는 얘기다.

단순한 레저용품이 아닌 자신의 발을 대신하는 소중한 이동수단이라면, 기본적인 자가정비 정도는 할 수 있어야 하지 않을까?

그렇게 된다면 처참하게 버려지는 자전거의 수도 많이 줄어들어 환경문제에도 크게 공헌할 수 있지 않을까 조심스럽게 생각해본다.